시민 없는 민주주의

시민 없는 민주주의

시민주권을 위한 목소리

정병설 지음

문학동네

굴레 벗은 천리마를 뉘라서 잡아다가
조죽 삶은 콩을 살찌게 먹여둔들
본성이 왜양하거니 있을 줄이 있으랴
(김성기, 『진본 청구영언』 245번)

차례

머리말 포스트 계엄 시대 한국의 민주주의 … 009
도론 민주주의로의 여정―베를린, 아테네, 그리고 서울 … 019

제1부
시민은 어디에 있는가:
한국 민주주의의 현실 … 035

민주주의의 기준과 수준 | 국민주권설이라는 픽션 | 사법시민권, 사회의 실질적 주인 | 시민헌법, 시민이 직접 만든 헌법 | 헌법재판소는 민주적 기관인가 | 시민법관, 재판권을 돌려다오 | 판단권력이란 무엇인가 | 표현의 자유, 민주주의의 파수꾼 | 시민언론, 언론 개혁의 방향

옹달샘 1 일본과 대만의 사법 개혁 … 079

제2부
인류 최고의 발명품:
민주주의의 원류 … 097

민주주의의 다의성 | 이세고리아와 이소노미아 | 혼란과 파국, 민주주의 비판 | 레스 푸블리카, 대안으로서의 공화정 | 대의제와 대표의 허구

옹달샘 2 아리스토파네스의 「기사」에 나타난 아테네 민주주의의 풍자적 실상 … 115

제3부
우리는 과연 평등한가: 한국 민주주의의 기초와 역사 ⋯ 129

소크라테스냐 프로타고라스냐 l 엘리트주의에서 시민판단 민주주의로 l 거짓 자부심보다는 철저한 반성을 l 누구도 차별의 예외가 될 수 없다, 전근대 한국의 차별 l 권력과 돈이 지배한 사법 전통 l 「조의제문」부터 『명기집략』 사건까지, 인민의 입을 막아온 역사 l 김유신, 김만중, 그리고 춘향, 한국인의 자유의지 l 차별에 대한 강력한 저항, 동학의 평등사상 l 노예근성과 주인정신 l 동아시아 민주주의 비교론

옹달샘 3 오에 겐자부로 그리고 한강 ⋯ 198

제4부
우리가 모르는 민주주의: 한국 민주주의의 미래 ⋯ 201

대한민국의 재설계 l 민주주의의 핵심제도, 추첨제 l 시민의회, 추첨원과 선거원 l 작은 공동체에 대한 염원, 연방제 l 자전거 페달 밟기를 멈추지 마라 l 소로, 아도르노, 그리고 독립적 시민

옹달샘 4 추첨제와 학교 민주화 ⋯ 214

맺음말 정치체제는 공기와 같다 ⋯ 245

참고문헌 ⋯ 251
찾아보기 ⋯ 261

머리말
포스트 계엄 시대 한국의 민주주의

 2024년 12월 3일 밤 10시 30분. 대한민국 민주주의의 실상이 화산이 분화하듯 순식간에 폭로되었다. 대통령 선거 기간 정당 후보 경선을 위한 텔레비전 토론회에서 손바닥에 그린 '왕王' 자를 전 국민에게 천연스레 보여준, 임금이 되고자 한 사람이 수하를 동원하여 위헌적인 평시 비상계엄을 발동했다. 대한민국의 민주주의는 하룻밤 사이에 오십 년 전 수준까지 떨어져버렸다. 다행히 곧바로 여의도로 달려와 반란군을 막은 위대한 시민과 담장을 넘어 의사당으로 들어간 용감한 국회의원 덕분에 파멸의 위기를 넘겼으나, 이 사건은 우리의 민주주의를 근본적으로 되돌아보게 했다.
 이번의 불법적 비상계엄은 일종의 친위쿠데타다. 친위쿠데타는 합법적으로 권력을 잡은 권력자가 불법적으로 정적을 제거하고 시민을 억압하여 독재자가 되려고 일으키는 반란이다. 합법적 실권자가 초법적 황제가 되려는 시도다. 친위쿠데타보다는 황제쿠데타가 알아듣기 쉬운 말이 될 듯하다. 황제쿠데타는 고대 로마부터 무수히 벌어졌다. 가까이는 1972년 10월 17일 밤, 종신 독재의 길을 연 박정희의 비상계엄 선포가 그랬다. 국회 해산, 정치 활동 금지, 헌법 효력 정지 등의 내용을 담은 대통령 특별선언문이 발표되었고, 이로부터 박정희 대통령 종신 독재의 길이 열렸다.

세계사를 보나 한국 현대사를 보나 황제쿠데타는 언제 터질지 모르는 일인데, 놀랍게도 대한민국은 이에 전혀 준비가 되어 있지 않았다. 윤석열 일당은 이 점을 간파하고 내란을 일으킨 것이다. 쿠데타가 났을 때 누가 내란을 판단할지, 누가 권력자의 손에 수갑을 채울지, 법적 제도적 준비가 전혀 없었다. 국가수사본부, 고위공직자범죄수사처, 검찰, 군검찰이 그래야 한다고 말하지만 이들은 모두 현 대통령의 인사권 아래에 있다. 불세출의 영웅을 만나지 않으면 확실한 법적 근거와 지원 없이 임명권자를 체포, 구금하기가 쉽지 않다. 사정이 이러니 내란이 일어났는데도 그 우두머리를 어떻게 해야 할지 몰랐고 정당 간에 다투면서 긴급 조치를 하지 않으니 국민의 불안이 커졌다.

근대 민주주의의 기초로 삼권분립이 중요하다고 말을 하지만, 한국 법은 대통령의 일방적 독주를 막을 방법을 구체적으로 규정해 놓지 않았다. 분립이 제대로 역할을 하려면 힘의 균형이 필요한데 현실은 그렇지 못하다. 대통령도 국회의원도 모두 국민이 뽑는다고 하지만, 개인과 집단은 위험의 정도가 다르다. 그런데도 한국에서는 대통령이라는 한 개인에게 너무도 막강한 힘을 주었다. 대통령에게 군경검의 총과 칼을 모두 쥐여주고, 거기에다 사법부 구성에까지 큰 역할을 맡게 했다. 그리고 국민들이 뽑지도 않은 사법부에는 총과 칼의 법적 정당성을 부여했다. 정작 국민이 직접 뽑은 국회에는 묻고 떠들 권리 외에는 별다르게 준 것이 없다. 이렇게 힘이 한쪽으로 기울게 해놓고 삼권분립을 말하고 있다. 국회의 국정감사, 청문회 등에 불려 나온 검찰총장, 법무장관, 감사원장 등 권력자들의 거만한 말과 표정을 보라. 대한민국의 권력이 어디에 있는지 분명히 알 수 있다. 선거에 참여할 권리만 가진 국민들은 선거가 한참 남았으면 거리로 나가 자기 의견을 외치는 일밖에 할 수 없다.

"시민에게 실권을!"

1893년 동학교도 수만 명이 충청도 보은 속리산 아래에서, 그리고 1898년 경향 각지의 백성 만여 명이 서울 종로 거리에서, 조정에 자신의 요구를 외쳤다. 그런데 백수십 년이 지난 지금 다시 시민들이 추운 거리에 나가 내란 우두머리의 탄핵을 외친다. 촛불집회를 참여민주주의의 표상으로, 선진 민주주의를 보여주는 현상으로 자랑스럽게 여기는 사람도 있지만 내 생각은 다르다. 촛불집회는 한국 민주주의의 제도적 후진성을 보여주는 부끄러운 현상이다. 한국이 진정 민주주의 국가라면 권력자들이 거리로 나와 국민에게 호소해야지 거꾸로일 수 없다. 왜 주인인 국민이, 조선시대처럼, 늘 거리로 나와 권력자들에게 청원하고 호소해야 하는가? 이는 국민에게 실질적인 권력이 없음을, 국민이 실질적 주권자가 아님을 보여주는 것이다.

이 책은 대한민국 민주주의의 전면적 재설계를 고민한 결과물이다. 설계의 방향을 한마디의 슬로건으로 정리하면, "시민에게 실권을!"이다. 이제 시민이 한국 민주주의의 주인이라는 이름에 걸맞은 합당한 권리를 가지도록 정치, 경제, 법 등을 아우르는 시스템을 근본적으로 돌아보아야 할 때다. 최근 한국 정치학계에서는 민주주의의 위기를 묻는 학회가 자주 열렸다. 한국의 민주주의가 어느 정도 수준에 이르렀음을 전제로 위기 또는 퇴행을 말했다. 그런데 이번 황제쿠데타는 대한민국 민주주의가 그런 위기를 말할 수준에 이르지 못했음을 여실히 보여주었다. 한국의 민주주의는 겨우 탈독재를 한 수준이었던 것이다. 높은 시민의식으로 겨우 민주주의의 껍데기를 유지하다가 황제병에 걸린 한 사람에 의해 실상이 폭로되었다. 이번 사건으로 한국 민주주의에 대한 근본적 반성은 불가피한 일이 되었다.

이 책은 고대 아테네의 오랜 민주주의부터 근현대 민주주의까지 개관하면서 민주주의 본질과 현실이라는 두 관점에서 한국 민주주의를 검토한 것이다. 특히 제도적으로는 시민에게 사법적 판단의 권리와 자유로운 언론의 권리가 있는지를 중점적으로 거론했다. 현재 한국에서 민주주의의 미래를 논하는 대부분의 연구는 '참여'나 '숙의'를 언급하나, 나는 이것이 한국 민주주의의 핵심 문제가 아니라고 본다. 한국에서 참여나 숙의는 시민에게 실권을 주는 것이 아니라 시민의 말을 한번 들어나보겠다면서 시민을 들러리로 세우는 데 그쳤다. 참여나 숙의는 실질적인 시민 권리가 보장된 다음이라야 제대로 작동할 수 있다. 힘이 없는 시민의 참여와 숙의는 아무 의미가 없다.

이 책에서 법과 제도 이상으로 강조한 부분이 민주주의의 이념과 사상이다. 제도로서의 민주주의는 각 공동체의 역사와 현실에 따라 약간씩 다를 수밖에 없다. 그러나 법과 제도는 전문가와 시민이 머리를 맞대고 더 깊이 논의해야 할 부분이다. 이 책에서 내가 힘을 주어 말하고자 하는 점은, 어떤 제도를 만들더라도 민주주의의 근본 이념과 사상을 염두에 두고 반성하면서 해야 한다는 것이다. 과연 우리가 만들고자 하는 제도가 민주주의에 부합하는지 따져야 한다. 한국이 민주주의를 만들어가는 과정에서 크게 부족한 것이 이 지점이다. 우리의 선거제, 정당제, 그리고 삼권분립은 민주주의의 근본 사상에 맞는지 깊은 고민 없이 만들어졌다. 제헌헌법이나 현행 헌법의 제정 과정에서 고민이 없었다 할 수는 없지만, 미국이나 유럽 각국에 비하면 오래, 깊이 고민했다고 말하기 어렵다.

민주주의의 인간관

　민주주의의 근저에는 인간관이 있다. 민주주의가 되려면 누구도 정치에서 배제될 수 없다는 평등한 인간관이 전제되어야 한다. 한국 민주주의가 민주주의의 근본에 맞게 제도화하지 못했던 주된 이유로 입법자가 평등의 인간관이 부족했다는 걸 꼽을 수 있다. 평등의 인간관이 없으니 일반 시민에게 권력을 넘기지 못했고 시민이 권력이 없으니 제대로 된 민주주의에 이르지 못했다. 시민이 빠진, 시민이 없는 민주주의가 되고 만 것이다.

　민주주의는 최선의 정치체제가 아닐지 모르나 현실적으로 지향할 수 있는 최상의 체제다. 민주주의는 복잡한 결정 과정, 다수의 횡포, 전문성의 결여 등 많은 문제를 가질 수 있지만, 우리가 이상으로 삼을 정치체제로 민주주의 이상을 생각할 수 없다. 이상적 민주주의를 지향하면서 현실에 맞게 제도를 수정할 수밖에 없는 것이다. 그렇게 영원히 미진한 민주주의조차 늘 퇴행과 파멸의 위협을 받는다. 민주주의는 나아가기도 어렵지만 지키기도 어렵다. 플라톤부터 미헬스까지 많은 학자들이, 인간에게는 근본적으로 지배하기보다 지배받으려는 속성이 있다고 믿었다. 그래서 민주주의가 근본적으로 불가능하다고 보기도 했다. 불가능하다고 해서 민주주의를 포기할 수 없다면 거기에 가까워질 방법을 찾아야 한다.

　국문학자인 필자가 민주주의에 관심을 가지게 된 것은 수년 전일 년 가까이 베를린에 체류하면서이다. 독일에서 몇 가지 특이한 현상을 보고 이를 한국과 비교하게 되었고 그 과정에서 민주주의에 눈을 떴다. 민주주의는 말뜻 그대로 주권자인 시민이 공동체의 지배자가 되는 정치제도인데, 한국은 그 이상에서 너무 멀리 있음을 깨달았다.

민주주의에 대한 논문과 책은 하루가 멀다 하고 새것이 나온다. 시민이 쓴, 시민을 주인으로 둔 민주주의에 대한 책은 의외로 드물지만, 그럼에도 불구하고 국내외 최고 석학들이 큰 관심을 가져온 주제에 대해 문외한이 책을 낸다는 것은 두려운 일이다. 출판 결심을 하고도 가슴 한끝에 걱정이 맺혀 있었는데, 이 망설임에 용기를 준 것은 민중의 종교이자 사상이라 할 동학이었다.

동학의 창시자 최제우는 "우리가 찾아야 할 밝은 빛이 어디에 있는지 알지 못하거든 멀리서 구하려 들지 말고 자신부터 돌아보라不知明之所在 遠不求而修我"(『동경대전東經大全』「팔절八節」)고 했다. 이로써 책과 정보의 홍수에 빠지지 않고 기준을 세워 냉정히 스스로를 돌아보게 되었으며, 내 작업이 나름 가치가 있음을 확신하게 되었다.

초고를 완성한 다음 정치학자, 법학자, 변호사, 법관, 정치인, 시민운동가 등 여러 분에게 가르침을 청했고 고마운 조언을 들었다. 페이스북 친구인 이수호 선생님, 오랜 벗 건국대학교 법학전문대학원 이계수 교수님, 2024년 시애틀에서 열린 미국 아시아학회AAS 때

뵙고 귀한 말씀을 들은 정치학자 소진형 선생님, 우리 대학 최고지도자 인문학과정에서 만난 헌법재판소 김동훈 연구관님, 그리고 한국 최고 현실파 지식인들의 독서모임에 불러주신 조호균 변리사님과 회원들께 감사드린다. 초고를 읽고 조언과 함께 애정 가득한 격려를 해주신 조윤정 대표님, 김평강 교수님, 한동수 변호사님, 태원우 변호사님, 이창우 변호사님께 다시 감사를 표한다. 우리 독서모임에 온라인으로 참석하시기도 하는 미국 변호사 김원근 선생님께서는 전화로 조언해주시기도 했다.

민주주의에 대한 책이라 정치학자들의 고견을 듣고 싶었는데, 전문가의 원고가 아니어도 기꺼이 수용하고 발표할 기회를 주신, 서울대학교 권형기 교수님께 심심한 감사를 드린다. 한국연구재단 한국사회과학연구지원사업SSK 공화주의 연구팀의 공부 모임에 참석하여 한국을 대표하는 정치학자들께 궁금한 것을 마음껏 물을 수 있었다. 권교수님 외에 숙명여대 윤광일 교수님, 국방대학교 홍태영 교수님, 이화여대 김경희 교수님 그리고 국회미래연구원의 박현석 연구위원님께서 여러 가지 생각거리를 던져주셨다. 이 자리를 빌려 다시 감사를 표한다.

각 분야를 대표하는 전문가들이 내 원고의 논지를 보고 들은 뒤 이런저런 말씀을 해주셨지만 모두 수용하지는 못했다. 조언에도 불구하고 미처 찾지 못한 책의 오류와 문제점은 두말할 것 없이 전적으로 내 책임이다.

2023년과 2024년에는 두 학기에 걸쳐 대학원 수업에서 '문학과 정치'를 주제로 강의했다. 이때 정치학 또는 민주주의 관련 고전을 함께 읽고 또 한국문학과 정치의 관련에 대해 공부하고 토론한 권오윤, 김은시, 민선혜, 안정민, 우자기, 황원, 황지연, 권은초, 김도형, 임하령, 정다혜, 진흔우, 능유헌, 권예연 학생에게 감사를 전한다.

2025. 4

시민이 주인인 나라를 꿈꾸며

정병설 쓰다

【일러두기】

1. 이 책에서는 현대 한국 사람들을 기본적으로 시민이라고 부른다. 시민은 시민권이라는 권리 문제와 깊이 연결된다. 국적과 관련해서는 국민이라는 말을 제한적으로 사용하며, 전근대 한국인은 주로 인민이라는 말로 지칭한다.
2. 데모크라시의 번역어인 민주주의는 원론적으로는 민주정으로 번역해야 옳다. 하지만 한국에서는 이념적 성격을 강조하여 민주주의로 번역되는 일이 많았다. 특별히 다른 정체와 비교할 때는 민주정으로 쓰고 그외의 경우에는 민주주의라고 쓴다.

도론

민주주의로의 여정

―베를린, 아테네, 그리고 서울

민주주의 깨달음의 출발지, 베를린

본론으로 들어가기 전에 내가 민주주의에 관심을 가지게 된 계기부터 서술한다. 이것이 후술할 민주주의에 대한 이해를 높일 수 있는 길이라고 생각한다.

2021년 가을부터 일 년 가까이 베를린에서 안식년을 보냈다. 베를린은 동서독 분단 시절 북한과 활발히 교류한 곳으로 북한 자료가 많은 편이라 북한문학을 연구하기에 적합하다. 북한문학을 연구하러 간 곳에서 나는 두 가지 작은 단서로 뜻밖의 깨달음을 얻었다. 이로써 역사와 인간을 대하는 시각과 사상이 크게 바뀌었다.

일 년 동안 베를린에 머물면서 인상 깊었던 것은 페르가몬박물관도, 베를린 필하모닉도 아닌 클라인가르텐^{kleingarten}이었다. 클라인가르텐은 작은 정원이라는 뜻인데, 정부에서 시내 곳곳에 조성해 시민들에게 임대한 텃밭이다. 19세기 슈레버라는 의사가 자연 속에서 농사를 지으며 살아야 건강에 좋다고 주장하여 생겨난 것이다. 그래서 슈레버가르텐이라고도 부른다. 시민들은 정부에 약간의 임대료를 내고 평생 자기 동네 텃밭에서 농사를 짓고 또 그 안에 작게 만든 농막에서 자연이 주는 여유로움을 즐긴다. 도심이든 교외든 동네마다 클라인가르텐이 있다.

도심의 값비싼 땅에까지 클라인가르텐이 설치된 모습을 보고 놀라지 않을 수 없었다. 서울은 지난 세기 한강의 기적으로 불리는 급속한 경제성장을 겪었다. 그러면서 정치인, 관료, 건설업자 등의 이익에 봉사하는 도시개발 사업이 과도하고 무리하게 이뤄져 도시 중심에서 대규모 녹지를 찾아보기 어렵게 되었다.[1] 구글 위성지도를 통해 베를린을 비롯한 유럽의 대도시들과 서울을 비교해보면 참담한 실상이 한눈에 드러난다. 자본이 자연과 사람을 내쫓은 셈이다. 사람이 살아야 돈도 가치가 있을 텐데, 서울은 이런 단순한 이치마저 생각할 여유가 없었다. 돈의 노예가 되어 돈을 우선하는 정책을 취하다보니 인간이 죽은 도시가 되고 말았다.

클라인가르텐은 사람이 돈에 내몰리지 않은 사례다. 클라인가르

---

[1] 조명래, 「개발주의 정부의 반녹색성」, 『계간 사상』 59, 사회과학원, 2003, 137쪽에서 막대한 개발이익을 두고 정치인, 관료, 개발업자 등이 '개발의 세력화'를 도모했다고 했다.

텐은 베를린이 돈보다 사람을 우선하는 도시임을 보여준다. 베를린이라고 중심부 땅값이 주변부보다 비싸지 않을 리 없건만 비싼 공유지를 자본가나 권력자에게 넘기지 않았다. 단기적 이익보다 앞으로도 오래 지속될 시민의 삶을 중요시했기에 도심에 클라인가르텐이 유지되었을 것이다. 자본가와 권력자 등 특권층이 일반 시민과 다른 특별한 존재가 아니라고 생각했기에 가능한 일이었을 것이다. 무슨 다른 속사정이 있는지 모르겠으나 나로서는 다른 추정을 할 수 없었다. 베를린이 보여준 인간 우위, 시민 우위의 발상은 어디서 왔을까?

베를린 체류 기간 중에 충격적인 사건 하나를 접했다. 부동산 회사가 소유한 임대주택을 시세보다 낮은 가격으로 정부에서 매입하여 민간에 공급하는 안건에 대한 '국민표결volksentscheid'이다. 1990년 독일 통일 이후 낙후한 동독 지역을 지원하느라 예산이 부족해진 정부가 정부 소유의 공공 임대주택을 민간에 팔았다. 그런데 민간 부동산 회사에서 임대사업을 주도하면서 집세가 크게 올라 주거 환경이 나빠지자 이런 방안이 나왔다. 이 법률안은 베를린 시민 57.6퍼센트의 찬성으로 통과되었다.

베를린으로 떠나기 전, 몇 년 앞서 베를린을 다녀간 법학자 이계수 교수가 자신의 베를린 관찰기를 보내주었다.[2] 거기에는 베를린

---

2 이계수,「어느 법 연구자의 도시 관찰―베를린에서 바라본 도시의 법과 정치」,『일감법학』44, 건국대학교 법학연구소, 2019. 이 글은 이계수,『반란의 도시, 베를린』,

의 주택 사정과 정책이 적혀 있는데, 수십 년 전만 해도 집을 가진 사람이 10퍼센트에 불과했고, 대부분 임대주택에 살았다고 했다. 공공 임대주택에서 별문제 없이 죽을 때까지 살 거라고 믿었던 사람들이, 정부가 임대주택을 부동산 회사로 대거 넘기면서 자신들의 주거 환경이 나빠지자 마침내 저항했다.

  한국이었다면 공공성이나 시민의 주거권 등을 이유로 개인 기업의 자산을 정부가 강제 수용하겠다고 나서면 좌파니 공산주의니 하면서 상상 이상의 끔찍한 공격을 받지 않았을까. 그런데 자본주의 최선진국이자 다른 어떤 나라보다 민주주의 면에서 모범적인 독일에서 이런 일이 벌어졌다. 주택 사회화에 대한 논의가 활발히 이뤄졌을 뿐만 아니라 당당히 국민표결로 통과까지 시켰다. 냉정히 따져보면 소유권이니 자본시장의 작동 원리니, 어떤 이유를 들더라도 시민이 자기 땅에서 몸 하나 누일 공간을 마련하지 못하는 현실보다 앞에 둘 수는 없다. 독일은 임차인 보호 조치가 강력하게 시행되는 나라로 유명하다. 임차인이 집을 한번 정해 입주하면 좀처럼 내쫓을 수 없을 뿐만 아니라 근소한 액수가 아니라면 집세를 올리는 일도 여간 까다롭지 않다. 2021년 퇴임하기까지 16년간 독일 총리를 지낸 앙겔라 메르켈조차 재임 기간 동안 베를린의 그리 비싸지 않은 평범한 아파트에서 월세를 내며 살았으니, 베를린 사람에게

스리체어스, 2023으로 보완 출간되었다.

임대주택이 어떤 의미인지 짐작할 수 있다.[3]

이 표결에서 나는 시민의 기본 주거권을 우선하는 베를린 사람들의 인권의식을 읽었다. 한국에서라면 보수적인 여론 지형에서 공론화하기도 어려울 테고 설사 헌법재판소에 안건을 올린대도 인용 결정을 내릴까 싶다. 1981년 동서 분단 시절 서베를린에서는 살 곳을 찾지 못한 빈민, 외국인 노동자, 학생 등이 불법으로 빈집을 찾아 들어가 살았는데, 이런 불법 점거에 대한 의견 조사에서 시민의 82퍼센트가 이들을 지지할 정도로 소외 계층의 주거권에 대해 공감이 컸다.[4]

클라인가르텐과 임대주택 사회화 표결을 접하면서 자연스레 내 안식년의 연구 주제는 북한문학, 통일문학에서 시민의 건강권과 주거권을 권력자나 자본가의 재산권, 소유권보다 중시하는 인간 중심의 사유와 반차별의 인간관이 어디서 기인했는지 살피는 것으로 바뀌었다.[5] 도대체 이런 사유와 시각은 어디서 왔을까, 한국과는 무엇이 얼마만큼 다를까, 새로 제기된 물음이 체류 기간 내내 머릿속에 맴돌았다.

---

[3] 문수현, 『주택, 시장보다 국가—독일 주택정책 150년』, 이음, 2022, 316쪽 및 21쪽 참조.
[4] 이계수, 앞의 책, 112쪽.
[5] 독문학자인 김누리 교수의 『경쟁 교육은 야만이다』(해냄, 2024, 182~185쪽)에서는 난민 강제송환을 반대하는 독일 초등학생의 데모를 소개하고 있는데, '불법적 인간이란 없다'는 시위의 현수막이 이들의 인간관을 잘 보여준다.

원조 민주주의, 아테네

도대체 독일은 우리와 어디부터 얼마나 다를까? 이 물음에 답을 찾기 위해 사상부터 뒤지기 시작했다. 독일은 종교개혁가 루터의 나라로 기독교 국가라고 해도 과언이 아닐 정도로 기독교의 영향력이 막강하다. 그러니 기독교적 인간관이 필시 깊은 영향을 끼쳤을 것이다. 기독교는 하느님 아래 인간은 모두 평등하다는 인간관을 종교사상의 기반으로 두니 인간 사이의 차별에 대해서는 부정적일 수밖에 없다. 『성경』「사무엘(상)」 제8장에서는 인민을 노예로 삼는 왕정에 반대하는 사상을 보여주는데, 선지자 사무엘이 하느님의 말에 따라 왕정을 설명하면서, 왕을 세우면 백성들이 왕을 위해 밭을 갈고 말을 끌고 요리를 하는 노예가 될 거라고 했다.

『성경』에 그려진 대희년 노예해방이나 선한 사마리아인의 예화, 그리고 로마제국에서 콘스탄티누스 황제가 기독교를 공인한 후 노예해방이 가속했다는 사실을 통해서도,[6] 노예나 이교도까지 존중하라는 기독교의 반차별적 사상을 살필 수 있다. 기독교의 경제사상 역시 이와 상통하는데 토지는 모두 하느님의 것「레위기」 제25장 제23절이라는 일종의 토지공개념과 같은 사상이 있었다.[7] 토지가 모두 하느님

---

6   조남진, 「초기 기독교의 노예관—A.D 1~4세기를 중심으로」, 『호서사학』 제8·9 합집, 호서사학회, 1980, 190쪽.
7   미국인 성공회 신부로서 평생을 한국 선교에 몸을 바친 대천덕(Reuben Archer

의 것이라면 인간은 마땅히 그 토지를 잘 나누어 써야 한다.

독일의 클라인가르텐이나 임대주택 사회화 표결의 정신에 기독교 사상이 일정하게 영향을 주었으리라 짐작할 수 있으나 이것만으로는 부족하다. 신과의 관계에 초점을 맞춘 종교사상으로는 인간 삶의 제반 조건을 규정하는 구체적인 정치 사회 제도의 형성을 설명하는 데 한계가 있다. 임대주택 사회화 문제에 대한 결정을 전적으로 법원에만 맡기지 않고 시민의 표결에 따르게 한 것도 한국과 다르다. 한국에는 아직 일반 법안에 대한 국민투표 제도가 없다.

베를린이 보여준 인간 중심, 반차별적 제도와 절차의 연원을 또 어디서 찾을 수 있을까? 시민의 삶을 자본이나 권력 등 다른 무엇보다 중요시한 제도의 연원은 어디일까? 베를린에 잠깐이라도 방문해 봤다면 바로 고대 아테네를 떠올릴 것이다.[8] 그리고 고대 아테네를 떠올리면 민주주의를 말할 수밖에 없다.

베를린은 '슈프레강가의 아테네'라고 불릴 정도로 아테네를 모델로 삼아 건설된 도시다.[9] 시내 곳곳에 그리스 신전을 본뜬, 건축가

Torrey III, 1918~2002)이 이런 토지관을 강조했는데, 그는 링컨이 노예해방령을 선포할 때 노예들에게 자유를 주면서 모든 가족이 토지 40에이커(4만 9천여 평)와 노새 한 마리를 받도록 했음을 소개했다. 대천덕, 『토지와 경제정의』, 홍성사, 2003, 제1절 희년.
8   아테네는 범그리스 문화권의 일부로 흔히 그리스 문화를 대표한다. 따라서 아테네를 그리스로 바꾸어도 무관한 경우가 있다. 아테네만으로 한정하기 어려운 경우에는 '그리스'를 사용한다.
9   전진성, 『상상의 아테네, 베를린, 도쿄, 서울』, 천년의상상, 2015 참조.

카를 프리드리히 셍켈의 이른바 신고전주의 건물이 즐비하다. 독일인의 고대 그리스에 관한 관심은 건축에 그치지 않았다. 고대 그리스의 예술, 철학, 문학이 괴테와 같은 18~19세기 지식인의 기본 교양이었다. 물론 고대 아테네에 대한 유럽 지역의 숭상은 베를린에 한정되지 않았다. 유럽 곳곳에 북방의 아테네Athens of the North라는 별칭을 가진 도시가 있으니 에든버러와 스톡홀름이 대표적이다. 베를린도 그 가운데 하나였다.

독일은 고대 그리스에 대한 연구의 전통이 깊으며, 베를린에는 고대 그리스와 로마의 유물이 잘 정리된 박물관이 있다. 나는 베를린 중심부 박물관 섬 지구에 자리한 구 박물관을 둘러본 뒤 아테네로 떠났다. 얼마간 공부를 했음에도 불구하고 현장에 가보니 놀라웠다. 유적과 유물을 통해 만난 고대 아테네인이 나를 부끄럽게 했다. 고대 아테네 시민들은 이미 이천오백 년 전에 내가 상상도 못한 수준의 민주주의 체제에서 시민의 권리를 누리고 있었다.

클레로테리온kleroterion이라는 추첨 기계가 특히 충격이었다. 나는 이 추첨 기계를 민회를 비롯하여 다양한 시민 집회를 열었던 아고라agora에 있는 박물관에서 보았다. 이는 고대 아테네 민주주의 시기에 공동체를 시민이 지배했음을 보여주는 뚜렷한 증거다. 시민들은 추첨을 통해 시민 중에서 행정관과 재판관을 뽑았다. 대개 일 년의 단임직이었으므로 누구를 뽑았다기보다 돌아가며 임무를 맡았다고 표현하는 편이 적절할 것이다. 군사나 재정 관련 부문에는 특별한 재능을 가진 사람을 선발했지만 대다수의 공직은 시민들이 나누어 맡았다. 누구도 특별히 잘난 사람이 없고 누구도 특별히 부족하다 여기지 않았다. 재능이 뛰어난 사람도, 좀 부족한 사람도 있겠지만, 재능이 뛰어난 사람에게 전권을 맡기기보다 권한을 나누어 통치하는 것이 더 바람직하다고 여겼다. 재능이 뛰어난 사람에게 전권을 주면 그들이 자기 이익을 위해 복무하기 쉽다고 생각했다. 물론 여성, 노예, 외국인, 미성년자 등의 참여를 배제했다는 한계는 있으나 이천오백 년 전에 제한된 시민만이라도 이런 권리를 누린 곳은 지구상 어디에도 없었다.

아테네 시민이라면 누구나 상당한 수준에서 동등한 권리를 누렸다. 아테네 시민의 권리는 주요하게 두 가지 면에서 보장되었다. 민회에서 누구나 같은 시간 동안 자유롭게 발언할 수 있었고 누구나 재판관이 되어 판결할 수 있었다. 현대 한국인도 누리지 못하는 권리를 이천오백 년 전 아테네 시민들이 누리고 있었다. 오늘날 한국 시민의 권리를 가지고 고대 아테네에 간다면 한국 시민은 시민이 아니라 노예에 불과하다. 한국 시민은 명예훼손이니 국가보안법이니 하면서 자유로운 발언에 제약을 받을 뿐 아니라 대부분의 시민은 공동체의 주요한 정책 결정에 영향력을 행사할 발언 공간을 가지지 못한다. 그리고 재판권으로 말하면 아예 한 조각의 권리조차 지니지 못하고 있다. 나는 아테네에서 민주주의를 접하고 대한민국 시민의 노예적 현실을 깨달았다.

사실 고대 아테네 민주주의에 대한 이야기는 어릴 때부터 들었다. 세계사나 사회문화 등의 과목에서 배웠을 것이다. 그러나 추첨제니 도편추방제ostracism니 하면서 민주주의에 대해 설명할 때면 학생들에게 한 번 더 생각할 여유를 주지 않고 문제점과 한계부터 말했다. 당시 정치 공동체인 폴리스의 크기가 요즘 서울의 한 동보다도 작으니 거기서는 이른바 직접민주주의가 어느 정도 가능했겠지만 지금 한국에서는 불가능하다고 말했다. 그리고 고대 아테네에서는 모두가 자기주장을 강하게 펴는 바람에 정책 결정에 혼선이 많았다고도 했다. 민주주의에 대해 깊이 생각해보기 전에 부정적 시각부터 심었다. 행정관과 재판관을 보통 시민 중에서 추첨으로 뽑으면 그 무지몽매한 사람들이 어떻게 나라를 다스리겠느냐며 조소했고, 조금이라도 일을 잘하는 사람은 지지만큼이나 반대를 받아 도편추방제로 쫓겨날 테니 이런 나라가 어찌 제대로 굴러가겠느냐고도 했다. 이러니 민주주의 진영인 아테네가 펠로폰네소스 전쟁에서 과두정 또는 공화정[10]인 스파르타에 졌다고도 했다. 나도 그런 교육을 받은 터라 아테네식 민주주의를 부정적으로 여겼었다.

민주주의에 대해서는 그나마 몇 가지 사항이라도 들었지만 공화

---

10 스파르타를 과두정으로 볼지, 공화정으로 볼지 의견이 갈리지만 현재의 학문적 통설은 공화정의 원형으로 보는 것이라 한다. 권용립, 『공화국—민주주의를 위한 제도와 정신의 세계사』, 나남출판, 2022, 64~80쪽. 스파르타의 정치제도에 대해서는 뒤에서 다시 논할 것이다.

정으로 유명한 로마에 대해서는 기본적인 사실조차 배운 기억이 없다. 지금도 '검찰 공화국'이니 '사기 공화국'이니 하면서 '○○ 공화국'을 '무엇이 중심이 된 나라'라는 의미로 사용하는 경우가 적지 않은데 이는 공화국의 원래 의미와 전혀 다르다. 공화국은 특정인이나 특정 세력에 권력을 위임하지 않고, 공공의 이익을 위해, 또 권력의 상호 견제를 통해 통치하게 한 정치체제다.

우리는 자신의 후진적 권리 상태는 생각도 하지 않고 시민이 공동체의 주역으로 당당한 권리를 가진 고대의 민주주의와 공화정을 우습게 보거나 무시해왔다. 내가 중고등학교에 다닐 때는 박정희와 전두환의 독재 시절이었으니 교육과정에서 일부러 민주주의와 공화정에 대해 감추거나 부정적 인식을 심으려고 했을지도 모른다. 하지만 지금도 중고등학교에서 고대 그리스와 로마의 민주주의와 공화정에 대해 그 원리를 제대로 가르치지 않는다고 하니,[11] 정치 여건은 나아져도 교육은 쉽게 발전하지 않는 듯하다.

고대 아테네인들이 민주주의를 할 수 있었던 토대에는 차별에 반대하는 인간관 곧 평등이 있었다. 인간의 능력은 근본적으로 크게

---

11 손태창, 「2015년 교육과정에 따라 검인정된 고교 세계사 교과서들의 연구―서양 고대 서술의 관습적인 문제점들 및 전공지식 적용상의 문제들」, 『서양고대사연구』 54, 한국서양고대역사문화학회, 2019, 227쪽과 234쪽에서는 현행 교과서가 고대 그리스의 민주주의에 대해 개념을 규정하는 방식으로 풀이하지 않고 나열식으로 그치거나 한계를 서술하는 데 초점을 맞춘다고 지적했다. 또한 로마에 대해서는 공화정의 개념을 원리가 아니라 피상적으로만 이해시키려 한다고 말했다.

다르지 않으며 차이가 난들 부족한 사람의 판단을 공동체에서 배제할 정도는 아니라는 생각이 민주주의를 낳았다. 인간관이 달라지니 정치관이 바뀌었고 비로소 민주주의라는 정치체제가 나올 수 있었다. 비록 노예와 여성에 대한 차별까지 부정하지는 못했어도 시민끼리 차별을 두지 않는 인간관이 인류 역사에서 최고의 정치체제를 만들었다.

아테네에서 베를린으로 돌아와 헤겔을 읽으니 그가 말한 주인과 노예의 변증법이 고대 그리스의 민주주의와 인간관을 계승하려는 노력으로 보였다. 그리고 루소, 토크빌, 마르크스 등 유럽사상사의 핵심에 시민에서 노예로 떨어지지 않으려는 반노예 자유 투쟁이 존재함을 보았다. 왕정이나 귀족의 과두정 등 일반 시민의 권리를 제약하는 여러 정치체제에 반발하며 노예가 아닌 주인 또는 자유민으로 살아가려는 분투가 사상가들에게서 읽혔다. 시민이 자기 공동체의 주인인 이상, 자기 땅에서 인간답게 살아갈 권리를 보장받는 것은 당연하고, 또한 어떤 이유로도 자기 땅에서 자기 몸 하나 누일 공간을 부정당하지는 않을 것이다.

시민이 없는 도시, 서울

베를린을 거쳐 아테네에 이른 나는 이들 도시와 서울의 차이의 핵심에 민주주의가 있음을 알았다. 시민이 자기 땅의 주인이 되는 곳에서 주거권 보장은 당연한 일이다. 민주주의가 제대로 정착한 사회에서는 시민이 자신의 기본권을 존중받을 수 있고 그렇지 못한 사회에서는 독재자나 특권층의 노예가 될 수밖에 없다. 한국은 현대에 들어와 민주주의가 괄목할 정도로 성장했으나 시민들은 여전히 정상적 민주주의 국가의 구성원으로서는 턱없이 작은 권리만을 누리고 있다. 말은 민주주의 국가라고 하지만 한국은 실제로 시민이 아니라 특권적 엘리트가 지배하는 나라다.

그간 한국 사회에서 보고 겪은 이해할 수 없는 일들, 강기훈 유서 대필 조작 사건[1991], 미네르바 사건[2008], 김학의 전 법무부 차관 별장 성접대 사건[2013], 이석수 특별감찰관 사퇴 소동[2016] 등의 근본 원인이 보이기 시작했다. 특권화한 권력이 지배하는 사회이니 시민의 눈으로는 이해할 수 없는 이상한 일들이 일어났던 것이다. 특히 이상했던 것이 2017년 박근혜 대통령 탄핵이다. 시민이 뽑은 대통령의 파면을 아홉 명의 헌법재판소 재판관이 결정한다는 게 이해되지 않았다. 탄핵 사유가 무엇이든 간에, 또 법률이 어떻든 간에, 대통령의 임면권이 시민에게 있다고 생각했는데 현실은 달랐다. 탄핵의 찬반은 둘째 문제였다. 한국 사회의 실질적 핵심 최종 권력이 시민이 아니라 사법부에 있음을 확인했다.

그전까지만 해도 나는 스스로를 주권자 시민이라고 착각했다. 그러면서 지금까지 정치를 무시해왔다. 내가 아니라도 정치를 할 사람이 많다고 여겼고, 더러운 정치판으로 들어가서 나까지 오물을 뒤집어쓰지 않겠다고도 생각했다. 그런데 알고 보니 내가 정치를 버린 것이 아니라 정치가 나를 버린 셈이었다. 일개 소시민인 내가 정치판에 들어가고자 해도 쉬 들어갈 수 없다. 대한민국의 제도는 기본적으로 시민을 정치에서 소외시킨다. 국회의원 등 대의원을 뽑아서 정치를 대신하게 하는 대의제를 채택하지만 대의제 자체의 한계에다 문제가 작지 않은 선거제도와 정당제도 등으로 시민의 목소리가 잘 반영되지 않는다.

오랜 왕정의 역사를 거치고 최근 수십 년에 들어서야 민주주의를 살짝 경험한 한국인들에게 아직 그 바탕에 자리한 개인의 자유와 평등은 낯설다. 시민이 자유롭고 평등한 존재라는 사실을 말로는 받아들이지만 정말 그 의미와 가치를 제대로 이해하는지는 의문이다. 특히 평등에 대해서는 부정적 의견을 가진 사람이 적지 않다. 하지만 자유로우려면 먼저 평등을 인정해야 한다. 남에게 의존하면서 자유로울 수는 없으며 평등하지 않은 관계에서 자유는 없다. 한국에는 상대를 대등한 존재로 인정하기보다는 지위의 고하와 우열로 판단하려는 수직적 인간관이 아직 강하게 자리잡고 있다. 전보다 권위주의가 많이 사라졌다고 하지만 '갑질' 문화가 존속하고 있으며, 이와 함께 윗사람에게 무조건 굴종하려는 '노예의식'도 여전하다. 근본이 튼튼하지 않으니 한국의 민주주의는 흔들리기 쉽고 이미 이룬 얼마간의 성취마저 늘 위태롭다.

이 책은 민주주의를 한 발이라도 더 나아가게 하려는 공부이며 한 발이라도 물러서지 않게 하려는 다짐이다. 시민이 우리 공동체, 우리 사회의 주인이라는 생각을 확고히 갖고 정치의식과 정치문화의 저변을 바꾸자는 제언이다. 정치문화를 바꾸는 일은 현실 정치를 바꾸는 일보다 더 근본적이고 어렵다. 그러나 어렵다고 포기할 수 없다. 나 자신을 바꾸고 내 옆의 한 사람이라도 변화시키려고 노력해야 한다. 김대중 대통령은 생애 마지막 연설에서 정치를 바꾸기 위해 여러 행동을 할 수 있겠지만 이도 저도 어려우면 담벼락을 보고 욕이라도 하라고 했다. 이 책은 '시민민주주의' 특히 '시민판단 민주주의'를 위한 담벼락의 낙서라 할 수 있다.

이 책의 제1부에서는 '과연 한국은 민주주의 국가인가?'라는 질문을 던진다. 한국인은 물론이고 대부분의 세계인들 또한 한국이 일정 수준의 민주주의에 도달한 국가라고 평가한다. 그러나 민주주의 근본 개념에 비추어보면 기본에도 도달하지 못했음을 알 수 있다. 최근 윤석열의 황제쿠데타는 한국 민주주의의 미숙성을 여실히 드러냈다.

제2부는 민주주의의 근본이 무엇인지 묻는다. 자유, 평등, 선거, 다수결 등 우리는 민주주의의 근본을 안다고 생각하지만 정확히 아는 사람은 드물다. '민주주의'는 워낙 널리 사용되는 만큼이나 많이 오염된 개념이다. 민주주의의 근본 원리를 알면 한국의 민주주의가 얼마나 결함이 많은지 자연히 알게 되니 제2부를 제1부 앞에 두어

야 논리상 순조로우나, 현실적인 문제제기부터 하는 게 독자의 관심을 환기할 듯해 차례를 바꾸었다. 이 책을 차분히 읽으실 분은 제2부를 먼저 보시기를 권한다.

제3부에서는 한국의 민주주의를 튼튼히 만들기 위해 꼭 필요한 민주주의의 근본정신과 그 역사적 전개를 살핀다. 주로 한국인들의 자유와 평등에 대한 의식이 어떠했는지를 알아볼 것이다. 한국인은 전제 왕정하에서 천 년 이상 살아왔지만 역설적으로 또 상대적으로 자유와 평등에 대한 지향이 강해 민주주의를 향한 강한 동력을 가졌다고 보았다.

마지막 제4부에서는 민주주의로 가기 위해, 그리고 민주주의를 지키기 위해, 무엇이 필요한지를 살핀다. 민주주의의 먼 미래를 위해 제시한 추첨제, 양원제, 연방제 등은 현재 한국의 민주주의 수준에서 요원하게 여겨질 것이다. 아직 대통령 임기 등 비교적 작은 권력구조 개편에 대한 개헌조차 이루지 못하면서, 설사 이 제도가 필요하더라도 이런 방향으로의 개헌이 과연 가능할지 회의할 수 있다. 그러나 민주주의를 위해 반드시 필요하다면 그것이 언제 이루어질지는 문제가 아니다. 불과 백 년 전만 해도 민주주의는 한국에서 상상조차 할 수 없는 것이었다. 꿈꾸지 않으면 그 무엇도 이룰 수 없다.

제1부

시민은 어디에 있는가: 한국 민주주의의 현실

민주주의의 기준과 수준

　민주주의의 수준은 여러 가지 관점과 기준으로 파악할 수 있다. 기준이 워낙 다양하니 쉐보르스키처럼 최소주의적 개념의 민주주의minimalist conception of democracy, 곧 민주주의의 최저 기준을 만들기도 했다. 민주주의가 존립하려면 최소한 한 가지 규칙, '모두에게 개방된 경쟁', 대개 공정한 선거로 권력을 차지할 사람을 정한다는 규칙만은 지켜져야 한다고 했다.[1] 실제로 민주주의를 운영함에 있어서 공정한 선거라는 최소주의적 기준조차 제대로 지키기 쉽지 않지만

1　아담 쉐보르스키, 임혁백, 윤성학 옮김, 『민주주의와 시장』, 한울아카데미, 1997(원저 1991), 29쪽 및 임혁백, 『민주주의의 발전과 위기』, 김영사, 2021, 33쪽. 쉐보르스키 이전에 유사한 논의를 펼친 사람으로 슘페터를 들 수 있다. 슘페터는 민주주의를 인민들의 표를 얻어 지배권을 확보하기 위한 경쟁으로 이해했다. 이를 경쟁적 리더십 이론이라고 한다. 조지프 슘페터, 변상진 옮김, 『자본주의, 사회주의, 민주주의』, 한길사, 2011(원저 초판은 1942), 480쪽 및 503쪽.

그렇다고 우리 민주주의가 여기에 만족할 수는 없다. 민주주의는 선거 영역 밖에서도 중요하게 자리를 잡고 있기 때문이다.

민주주의의 수준을 평가하는 지표는 참으로 많지만 그중 영국의 시사주간지 『이코노미스트』에서 생산한 세계 민주주의 지수 Democracy Index가 널리 알려져 있다. 이 지수는 2006년 이후 매년 발표하는데, '선거 과정과 다원주의' '정부의 기능' '정치 참여' '정치문화' '시민적 자유'의 다섯 범주에서 각각 열 개 내외의 세부 질문을 두고 점수를 낸다.[2] 10점을 만점으로 하여 4점 미만은 권위주의 체제로, 4점에서 6점 사이는 권위주의와 민주주의가 혼합된 체제로, 6점에서 8점은 결함이 있는 민주주의로, 8점 이상은 완전한 민주주의로 간주한다. 한국은 지금까지 결함이 있는 민주주의와 완전한 민주주의 사이를 오가면서 민주주의에 겨우 턱걸이를 하고 있었는데 작년 2024년에는 다시 크게 추락하고 말았다.

민주주의 지수도 한국의 민주주의 수준을 어느 정도 보여준다 하겠지만 이것은 너무 많은 기준이 적용돼 문제의 핵심을 파악하기가 어렵다. 어떤 일이 복잡하여 사태를 파악하기 어려우면 근본으로 돌아가 살필 필요가 있다. 민주주의의 원류, 아테네의 민주주의로 돌아가보면 민주주의의 핵심에 시민의 지배, 시민의 권리가 있다.

---

2 「2021년 민주주의 지수 보고서」, 김형철, 「민주주의 지수의 유용성과 한계—아시아 민주주의 지표 개발의 필요성」, 『KDF 민주주의 리포트』 69, 민주화운동기념사업회 및 한국민주주의연구소, 2022, 5쪽.

고대 아테네 시민 권리의 양대 축은 법 앞에서의 평등을 뜻하는 이소노미아^{isonomia}와 자유롭고 평등하게 말할 권리인 이세고리아^{isegoria}다. 자유와 평등, 자유로운 언론과 법적 평등은 지금도 민주주의 국가의 근간을 이룬다. 이들 시민의 권리가 공동체에서 얼마나 잘 구현되는지를 살피면 민주주의의 수준은 자연스럽게 드러날 것이다.

국민주권설이라는 픽션

1987년 개정된 현재의 대한민국헌법 제1장 제1조 제1항은 그 유명한 "대한민국은 민주공화국이다"이다. 이는 1948년 제헌헌법의 제1조를 그대로 이은 것이며, 거슬러올라가면 일제 치하인 1919년 대한민국 임시정부의 임시헌장선포문 제1조 "대한민국은 민주공화제로 함"에 연결된다.

대한민국의 밑바탕이라 할 민주공화국이란 무엇인가? 민주주의와 공화정은 엄연히 다른 정치체제다. 민주주의면 민주주의고 공화정이면 공화정이지 둘을 어중간히 절충한 정치체제는 상상할 수 없다. 그러므로 앞의 '민주'가 뒤의 '공화'의 성격을 나타내는 것으로 보아 민주적 공화정으로 보는 것이 옳다. 공화정은 공화정이되 민주주의적 성격이 강한 공화정이라는 말이다.³

대한민국이 민주공화국인가 하는 질문은 '공화정이되 특권층이 아니라 시민이 주권을 가진 공화정이냐'는 질문과 다르지 않다. 공화정은 법을 통해 인민의 공익을 추구하는 정치체제다. 로마 공화국이 집정관, 원로원 그리고 민회를 두어 서로 견제한 것처럼 현대 공화국의 대표 주자라 할 미국에서는 집정관과 유사한 대통령, 원로원과 상통하는 상원 의회와 사법부, 그리고 민회의 성격이 강한 하원 의회가 서로 견제를 한다. 한국도 양원제를 제외하면 큰 틀에서 미국과 유사하다. 외형으로만 보면 한국은 공화정이라 해도 손색이 없다. 문제는 민주적 요소다. 민주적 요소를 달리 말하면 시민이 주권을 가지고 있느냐인데 명목상으로나 실질적으로나 과연 한국 시민이 합당한 주권을 가졌는지 의문이다.

한국은 시민이 대통령과 국회의원을 직접 뽑는다. 게다가 누가 뽑힐지 예측하기 어려운 경쟁적 선거제도가 행정과 입법의 영역에서 비교적 잘 구현되고 있으니, 이른바 최소주의적 개념의 민주주의 범주에 어느 정도 근접했다고 볼 수 있다. 그런데 사법 영역에서는 전혀 선거가 이뤄지지 않는다. 시민이 사법적 판단에 전혀 영향

---

3 '민주공화'라는 조어가 1919년 대한민국 임시정부의 임시헌장을 만들 때 조소앙이 삽입한 독창적인 것이라는 견해가 있으나(한인섭, 「대한민국은 민주공화제로 함—대한민국 임시헌장(1919.4.11) 제정의 역사적 의의」, 『서울대학교 법학』 50-3, 서울대학교 법과대학, 2009, 185~186쪽), 이 말은 이미 그전에 사용된 예가 있다. 1909년의 『서북학회월보』(11호, 「국가론의 개요」) 등에 공화제를 "귀족공화"와 "민주공화"로 나눌 수 있다는 말이 등장한다. 'Democratic Republican' 곧 민주공화라는 조어는 미국 건국 당시 정당의 명칭으로도 사용되었다.

을 미칠 수 없다는 점에서, 사법 영역에서는 시민의 주권이 없는 셈이고 이는 한국 민주주의의 큰 결함이다. 법 앞에서 모든 시민이 평등하다는 이소노미아가 없는 것이다. 뒤에서 자세히 다루겠지만 한국에는 이소노미아와 짝을 이루는 이세고리아에도 현저한 결함이 있다. 민주주의의 근간을 이루는 두 기준에 막대한 결함이 존재하니 민주공화국이라는 말은 어불성설이다. 헌법 맨 앞에서 "주권은 국민에게 있고" "권력은 국민으로부터 나온다"고 국민주권설을 말했으나, 정작 그 핵심에 해당하는 사법과 언론 영역에서 시민주권이 헌법에 담기지 않았으니 대한민국헌법이 말한 민주공화국은 기만이 아닐 수 없다.

    법학자 강희원 교수는 우리 헌법의 국민주권설을 '픽션'이라고 말했다. 헌법에서 말하는 주권을 가진 국민은 현실에 존재하지 않으며 국민주권설은 그저 권력자가 자신의 지배를 은폐하기 위해 하는 말이라고 보았다.[4] 국민이 주권자, 지배자가 아니라면 한국의 진짜 권력자, 진짜 지배자는 누구인가?

---

4   강희원, 「'픽션'으로서의 국민주권 ― 헌법상의 '국민주권' 원리에 대한 단상」, 『법철학연구』 23-2, 한국법철학회, 2020, 8쪽.

사법시민주권, 사회의 실질적 주인

근 이백 년 전 미국의 민주주의를 관찰한 토크빌은 한 사회의 실질적 주인은 범죄자를 재판하는 사람이라고 했다.[5] 권력이 어디에 있는지 알려면 누가 판결하는지 보면 된다는 말이다. 꼭 형사소송, 민사소송이 아니라도 어떤 일에 최종적으로 판단을 내리는 사람이 권력자다. 조선시대 왕이 최고 권력을 가진 것도 그가 최종 판단자임과 동시에 그 판단의 기준인 법률을 입법하는 사람이기 때문이다.

대한민국헌법 제27조 제1항은 "모든 국민은 헌법과 법률이 정한 법관에 의하여 법률에 의해 재판을 받을 권리를 가진다"고 하여 재판받을 권리를 보장했다. 법절차에 의해 재판을 받을 수 있다는 것

---

[5] 알렉시 드 토크빌, 이용재 옮김, 『아메리카의 민주주의 1』, 아카넷, 2018(원저 1835), 462쪽. 이 책은 한국에서는 흔히 『미국의 민주주의』로 알려져 있으며, 저자 이름을 '알렉시스 드 토크빌'로 적는 경우가 많다.

은 시민의 중요한 권리다. 스파르타는 아테네를 정복한 다음 민주주의 체제를 무너뜨리고 삼십 인의 참주를 세웠다. 그리고 이들은 오백 명의 시민에게만 정치적 발언권을 허용하고 오천 명의 시민에게만 재판받을 권리를 주었다. 재판받을 권리를 얻지 못한 시민은 마구 살해해도 상관없는 존재였다. 이런 고대사에 비추어보면 재판받을 권리는 매우 소중하다. 그러나 헌법에서 시민에 대한 법적 보호를 명문화해뒀다는 것만으로는 현대 민주주의 사회에서 시민이 사법 분야에서 주권을 가진다고 말할 수 없다.

대한민국헌법은 시민의 재판받을 권리는 말하고 있으나 재판할 권리에 대해서는 아무런 말이 없다. 대한민국 시민에게는 사법시민주권[6]이 없는 것이다. 대한민국헌법에는 재판 대상으로서의 시민은 있어도 재판 주체로서의 시민은 보이지 않는다. 헌법에 따르면 대한민국 시민은 공동체의 지배자가 아니라 명백한 피지배자다. 그렇다면 지배자는 누구인가, 두말할 것 없이 소송에서 최종 판결을 내리는 법관이다. 형사사법 절차에서 판결은 판사만 내리는 게 아니다. 경찰, 검사 역시 중간 단계에서 나름 법에 의한 판단을 내린다.

---

[6] 시민이 시민에 의해 판단받는 미국의 배심원제를 두고 안경환은 시민주권의 원리를 사법의 영역에서 실현한 제도라 말했는데(안경환, 『미국 헌법의 이해』, 박영사, 2014, 667쪽), 이와 상통하는 개념으로 필자가 만든 개념이다. 본서는 사법시민주권과 함께 언론시민주권이 민주주의를 지탱하는 중요한 두 기둥이라는 관점에서 논지를 전개했다. 외국의 간섭을 받지 않는 사법적 자주권이라는 의미를 가진 사법주권과는 다른 개념이다.

대한민국은 헌법 제1조에서 민주공화국이라고 명시해놓고는 정작 다른 조항에서 시민을 피지배자로 두었다.

헌법에서는 법관의 자격을 법률로 정한다고 했고, 법원조직법은 법관의 자격을 변호사 자격이 있는 자라고 규정했다. 이렇게 보면 대한민국에서 변호사 자격을 가진 자는 잠재적 지배자이며 법관은 현실적 지배자다. 시민은 변호사 자격증을 가진 법관에게 오로지 재판받을 권리만 갖고 있다. 도대체 법관은 어떤 이유에서 또 무슨 근거로 지배의 자격을 부여받은 걸까? 시민이 배제된 법관에 의한 재판은 민주주의 국가에서 불가피한 일일까? 다른 민주주의 국가의 경우는 어떨까?

미국은 헌법에서 대통령이나 상하원 의원의 자격을 명시하나 대법관이나 일반 법관의 자격은 명시하지 않으며, 여러 차례 법관 자격을 법제화하려 시도했으나 실패했다.[7] 지금까지 모든 연방대법관이 변호사 자격을 가지고 있었음에도 불구하고 굳이 자격을 제한하지 않았다.[8] 현실적으로 변호사가 법관이 되는 상황이 불가피함에도 불구하고 굳이 법관의 자격을 규정하지 않으려는 건 왜일까? 당연히 사법 권력을 어떤 특권층에 묶어두지 않음으로써 시민 외의 어떤 특별한 지배자를 인정하지 않으려는 뜻이다.

---

7 조지형, 『헌법에 비친 역사』, 푸른역사, 2007, 211쪽.
8 사법정책연구원 편, 「외국사법제도연구(25)—각국의 법관임용제도에 관한 실증적 연구」, 2019, 44쪽.

미국은 법률가의 지배를 배제하려고 노력하는데 한국은 어떠한가? 법학자 이국운 교수에 따르면 우리 헌법은 '법률가 수호자주의'에 기초한다.[9] 수호자는 플라톤의 『국가』에서부터 사용된 개념으로 원래는 국가를 지키는 군인을 뜻했으나 뒤에는 실질적인 국가의 지배자를 가리키게 되었다. 말하자면 대한민국헌법은 법률가를 지배자로 두는 사상을 기초로 삼아 만들어진 것이다.

대한민국헌법의 법률가 수호자주의는 이미 제헌헌법에서부터 나타났는데, 미군정하에서 논의된 제헌헌법은 그 제정 과정에서 미군정의 권고로 고위 법관 선출, 재판에 시민이 직접 참여하는 배심원제 등을 논의하였다. 그러나 시민이 법관을 선출하면 그 과정에서 좌익 세력이 끼어들 수도 있고, 중요한 판결을 내리는 배심원이 되기에는 아직 한국인의 민도가 낮다는 의견 등이 있어 법률가들이 이들 제안을 반대했다.[10] 결국 모든 권력은 국민에게서 나온다는 헌법의 선언적 조항과 달리, 사상과 배움에 따른 차별에 기초하여 법률가들이 사인 간의 권리 다툼은 물론 국가 중대사에 대한 최종적

---

9 이국운, 『법률가의 탄생, 사법 불신의 기원을 찾아서』, 후마니타스, 2012, 73쪽 및 88쪽.
10 1947년 대법관 이상기, 서울지방심리원장 장경근, 사법부 변호사국장 겸 법무국장 강병순, 서울고등검찰청 검찰관 이호 등 나중에 헌법안 작성에 중요한 역할을 한 사람들이 미국 사법제도를 시찰한 뒤 사법부장, 대법원장, 검찰총장에게 보고서를 제출했다. 이 보고서에서도 낮은 민도를 이유로 배심제를 배척했다. 문준영, 『법원과 검찰의 탄생―사법의 역사로 읽는 대한민국』, 역사비평사, 2010, 677쪽.

판단까지 권력을 독점하는 헌법이 만들어졌다.

    최정규 변호사는 『불량 판결문』에서 법대 위에 높이 앉아 법원 공무원의 보조를 받으며 군림하는 한국 법원의 권위적 모습을 독일 법원과 비교해 그린 바 있다.[11] 독일 법관들이 스스로 하는 일조차 한국에서는 다른 사람이 보조해줘야 할 만큼 한국 법관은 권위적이라 한다. 한국 시민들은 법정 단상 아래에서 단 위의 판사에게 머리를 조아린다. 정말 이것이 사법부의 권위에 대한 승복일까, 아니면 자신의 자유를 빼앗고 구속할 수 있는 권력자에 대한 굴종일까. 시민이 판사에게 승복하려는 것은 판사가 똑똑하고 잘난 사람이라서가 아니라 그를 민주주의 공동체 가치의 수호자로 생각하기 때문이다. 그런데 시민의 참여와 견제가 없는 한국 사법부를 민주주의의 수호자로 볼 수 있을까?

---

11   최정규, 『불량 판결문』, 블랙피쉬, 2021, 79~80쪽.

시민헌법, 시민이 직접 만든 헌법

법률은 민주주의를 지키는 보루다. 가장 이상적 정치체제라 할 민주주의에도 약점이 있으니, 대표적인 것이 다수의 횡포다.[12] 어떤 일이 벌어져 토의하고 결정할 때 사람들은 대개 자기 이해에 따라 주장을 펼친다. 결국 다수결로 결정하면 소수 의견을 가진 사람은 다수 의견에 흔쾌히 승복하기 어렵다. 다수 의견이 다수의 이익을 따른 것임을 알기 때문이다. 이런 문제점에서 어느 정도 벗어날 수 있는 길이 법이다. 어떤 일이 생기기 전에 미리 민주적인 절차로 법을 제정해두면, 나중에 일이 발생했을 때 다수결이 아니라 법에 따

---

12   민주주의의 기본이 지켜지는 곳에서는 다수의 횡포가 문제될 수 있지만 기본조차 지켜지지 않는 곳에서는 소수의 횡포가 더 큰 문제가 된다. 스티븐 레비츠키, 대니얼 지블랫, 박세연 옮김, 『어떻게 극단적 소수가 다수를 지배하는가』, 어크로스, 2024는 미국을 중심으로 민주주의 국가에서 나타난 소수의 횡포를 잘 그려냈다.

를 수 있다. 존 롤스는 『정의론』에서 사안을 모르는 상태에서 원칙을 정하는 것을 '무지의 베일'에 비유했다. 어떤 사안을 잘 알지 못하도록 가리개를 쓰고 원칙을 만들고 나중에 사건이 생기면 그 원칙에 따라 판정하는 게 정의에 부합한다는 것이다. 이런 절차로 법을 만들고 그에 따라 시행되는 민주주의를 입헌민주주의라고 부르며 이는 존 롤스를 비롯한 현대의 대다수 민주주의 연구자가 지지하는 바다.

우리가 법을 존중하고 지키는 이유는 우리가 한 약속이기 때문이다. 루소는 법을 지켜야 하는 인민이 법을 만들어야 한다고 했다.[13] 또한 『자유론』으로 유명한 이사야 벌린은 고대 그리스인에게 자유란 다른 사람이 만든 법에 의해 강제당하지 않는 것이라고 말했다.[14] 시민은 법의 제정자가 되어야 정치적 자유를 얻을 수 있으니 민주주의가 되려면 시민에게 입법권이 있어야 한다. 왕정은 임금이 법을 만들고 인민이 지키는 체제이며, 민주정은 시민이 법을 만들고 시민이 지키는 체제다. 민주주의에서 법은 체제 유지의 핵심인 만큼 그 내용 이상으로 민주적 입법 절차가 중요하다.

공동체와 그 구성원을 규제하는 법률 하나하나를 모든 시민이 세세하게 직접 입법하기란 현실적으로 어렵겠지만, 스위스처럼 시민이 입법에 적극 참여하는 제도를 실현 가능한 모델로 삼을 수 있다.

13　장 자크 루소, 김영욱 옮김, 『사회계약론』, 후마니타스, 2018(원저 1762), 51쪽.
14　이사야 벌린, 박동천 옮김, 『이사야 벌린의 자유론』, 아카넷, 2006, 531쪽.

그렇게까지는 못 하더라도 법 위의 법인 헌법만큼은 다수 시민의 의사를 반영해 입법해야 마땅하다. 그런데 현재 대한민국의 헌법을 주권자 시민이 만든 시민헌법이라고 부를 수 있을지 의문이다. 시민이 뽑은 국회의원이 만들긴 했으나 대표자와 시민 사이에는 어느 정도 간극이 있을 뿐만 아니라, 입법과정에서도 민주적 절차를 제대로 지켰다고 보기 어렵다. 대표자로 뽑혔다고 그 대표자가 주권자의 모든 권리를 대리할 수 없다. 특히 대리한 내용이 기본권에 관한 것이고 게다가 기본권을 부정했다면 이런 대표자의 대리 행위는 용납할 수 없다. 대리인이 주인의 뜻에 어긋나게 입법해서는 안 된다. 공동체와 관련된 문제의 최종 판단을 모조리 법관에게 맡긴 헌법을 과연 우리 시민의 약속이라고 말할 수 있을까? 절차로나 내용으로나 헌법이 시민들의 합의하에 만들어지지 않았다면 그런 헌법은 존중받을 이유도, 지킬 이유도 없다.

    대한민국 최초의 헌법을 만들 때 국회의원을 먼저 뽑았고 그들이 제헌의원이 되었다. 민주적으로 선출된 국회의원이 합의하여 만든 헌법이니 대한민국헌법은 형식적으로는 시민헌법에 가깝다고 할 수 있다. 또한 제헌의원들은 새 나라의 헌법을 만들기 위해 각고의 노력을 기울였고[15] 당시로는 상당히 수준 높은 헌법을 제정했다. 그런데 제정과정을 깊이 들여다보면 문제가 작지 않다. 이때만 해도 수천 년 한국 역사에서 처음으로 시민이 자신의 대표자를 뽑는다는 사실에 충분히 만족했기에, 헌법 제정에 제정자의 이해가 어떻게 관계될지, 어떻게 하면 시민의 뜻이 제대로 담길지 깊이 고민하지 못했다. 실제로 입법과정을 보면 국회의장인 이승만이 독촉하여 불과 20일 만에 법안을 만들었다. 시민의 뜻은 들을 시간조차 없었다.

이후 독재정권이 연이어 등장해 대한민국헌법에는 시민의 뜻이 반영되지 못했다. 1987년 현행 헌법으로의 개정은, 정권 연장을 시도하던 전두환이 시민들의 6월민주항쟁에 무릎을 꿇고 대통령 직선제를 받아들이면서 이루어진 것이었다. 그렇기에 시민헌법으로의 개헌이 이루어질 절호의 기회였으나, 이 역시 개헌을 서두르면서 결국 거대 양당 정치집단의 타협으로 귀착되고 말았다.[16] 시민들이 헌법 개정에 주도적으로 참여할 기회를 주지 않은 것이다. 더욱 큰 문제는, 시민이 헌법 제정의 주체가 되어야 한다는 인식조차 없었다는 점이다. 왜 정치인이나 법률가 등 특정 집단이 법의 제정을 주도해서는 안 되는지를 몰랐고, 어떻게 하면 특정 집단의 이해가 반영되지 않을지에 대한 고민이 없었다.

사정이 이렇다보니 1987년 헌법은 종전 독재정권 헌법의 땜질에 불과했다. 대통령 직선제가 이루어졌고 대통령의 국회해산권이 폐지되는 등 일부 민주적 조항이 도입되고 권력의 균형을 잡기 위한 제도가 마련되었으나 시민의 적극적 주권 행사에 대한 조항은 거의

15　안도경 외, 『1948년 헌법을 만들다—제헌국회 20일의 현장』, 포럼, 2023에서 제헌헌법의 법안 심의 토론 과정을 잘 살필 수 있다.
16　최호동, 「1987년 헌법규정의 형성과정 연구」, 서울대학교 박사논문, 2020, 369쪽.

삽입되지 못했다. 당시 시민들의 요구에 비추어도 턱없이 부족한 헌법이었다. 결국 법률가 수호자주의가 반영된 초대 헌법의 전통을 이어가면서 국회의원 등 엘리트 정치권력의 이익을 보장하는 선에서 입법이 마무리되었다. 1987년 헌법이 독재헌법도 시민헌법도 아닌 어중간한 모습임을 대표적으로 보여주는 사례가 헌법재판소이다.

이후 1987년 체제가 수십 년 동안 지속되면서 개헌의 필요성이 제기되었고 여러 차례 논의가 이뤄졌다. 최근의 예만 들어도 2017년과 2018년에 국회와 행정부에서 개헌 관련 위원회를 설치하여 개정안을 만들었다. 그런데 1987년만큼 긴박하지 않은 상황에서 개정안을 만들었음에도 불구하고 이들 위원회는 모두 출발부터 악습을 되풀이했다. 이들 위원회는 종전과 마찬가지로 시민을 소외시키고 정치인과 법률가를 중심에 두었다. 시민의 헌법이 아니라 또다시 정치인의 헌법, 법률가의 헌법을 만들려고 한 것이다. 2018년 3월 문재인 대통령이 발의한 개헌안을 보면 배심제나 참심제를 채택할 수 있도록 하여 사법시민주권 확보를 위한 길은 살짝 열어뒀으나 언론의 자유를 막는 조항은 여전했다.[17] 전반적으로 이전보다 진전된 면이 있지만 시민주권을 높이기 위한 의지는 보이지 않는 개헌안이다.

이처럼 대한민국헌법은 입법과정에 시민의 뜻이 제대로 반영된 적이 없다. 시민은 배제되고 정치인과 법률가가 타협해 헌법이 만

---

17   청와대 지음, 『문재인 대통령 헌법개정안』, 더휴먼, 2022, 30쪽 및 74쪽. 언론 자유 제한 조항은 뒤에서 상술한다.

들어졌다. 시민이 만들지 않은 법을 시민에게 지키라고 요구할 수 없다. 이제라도 시민이 주체가 된 헌법을 제정해야 한다. 대한민국 시민은 지금까지 헌법을 만든 사람들이 생각한 것처럼 무지몽매하지 않다. 정치인, 법률가에게 자신의 운명을 맡겨야 할 정도로 나약하거나 의존적이지도 않다. 임진왜란의 의병부터 갑오농민혁명, 만민공동회, 3·1운동, 최근 IMF외환위기 때의 금모으기운동 등에서 나라의 미래를 걱정하고 또 나라를 위기에서 구해낸 사람들이다. 고대 아테네 시민이나 서구 선진 민주주의 국가의 시민에 뒤지지 않는 지혜와 능력을 가졌음에도 대한민국 시민은 늘 권력자들에게 외면받고 배척되었다. 주권 시민의 자격을 충분히 갖추었으면서도 제대로 대접을 받지 못했다. 민주주의의 주인이 되어본 적이 없기에 직접 자기 의견을 내거나 판단을 내리기를 염려하고 두려워할 수 있다. 그러나 해보지 않았다고 시키지도 않는다면 이 땅에 민주주의는 영원히 자리잡을 수 없다.

시민헌법을 만들려는 시도들

헌법에 시민의 목소리를 담는 일을 넘어서서, 시민이 직접 시민헌법을 만들려는 시도는 세계 민주주의 국가에서 점차 확대되고 있다. 아일랜드, 아이슬란드, 칠레 등에서 시민이 주도하는 헌법 개정이 비록 순탄치는 않지만 시도되고 있다.[18] 고대 아테네 민주주의의 추첨제 전통을 이어서 추첨을 통해 시민개정위원을 선발하고 이들을 중심으로 헌법개정안을 만드는 식이다. 그러기 위해서는 시민헌법 제정을 위한 기구부터 만들어야 하며, 그전에 아일랜드처럼 개헌을 위한 시민위원회 설치법부터 제정할 필요가 있다.[19] 십만 명이든 그 이상이든 추첨으로 위원을 뽑고, 다시 그중에서 추첨과 선거로 수백 명의 상임위원을 뽑아서 평의회를 구성하며, 또 전문가 자문위원을 얼마간 두어 개헌안을 만드는 일에 착수할 수 있다.

헌법은 기본적으로 시민이 주도하여 만들어야겠지만 필요하면 전문가에게 조언을 받을 수 있다. 전문가가 초안을 만들면 시민이 검토하는 식이다. 루소는 공정한 입법 절차의 모범적인 사례를 고대 그리스에서 찾았다. 스파르타의 전설적인 입법자인 리쿠르고스는 법을 제정하기 위해 스스로 왕위에서 내려왔다고 했고, 또 대부분의 그리스 도시들은 외국인에게 법 제정을 맡겼다고 했다.[20] 이는

---

18 엘렌 랜드모어, 남상백 옮김, 『열린 민주주의—21세기 민주주의의 재발명』, 다른백년, 2024(원저 2020)의 7장과 8장에서 아이슬란드의 사례를 자세히 제시했는데, 저명한 정치학자인 저자는 아이슬란드의 사례가 전 세계의 많은 이들에게 놀라움을 주었고 우리가 민주주의에 관해 사고할 때 사용하는 지배적인 개념 틀의 한계를 보여주었다고 말했다(21쪽).
19 한상희, 「시민주도형 헌법개정절차—헌법개정 절차의 민주적 구성을 위한 사례분석」, 『입법학연구』 19-1, 한국입법학회, 2022, 74쪽.
20 루소, 『사회계약론』, 54쪽. 리쿠르고스에 대해서는 『플루타크 영웅전』에 자세한 전기가 있다. 여기에 따르면 리쿠르고스는 법을 제정하기 위해 왕위를 내려놓았다기보다 부득이한 이유로 왕위를 내려놓고서 법제를 연구했다. 루소는 외국인에게 법 제정을

입법자의 이해를 넘어서서 공동체와 시민을 위한 입법에 이를 수 있는 방법이다.

전문가가 초안을 만들 때는 전문가가 자기 이익에 따라 입법하지 않게 유의해야 한다. 루소는 이를 피할 수 있는 길로 외국인에게 맡기는 방법을 제안했다. 해당 공동체에 이해관계가 없는 사람에게 입법을 맡김으로써 공정한 법률이 만들어지게 한다는 취지다. 한국 축구는 외국인에게 국가대표팀 감독을 맡겨서 크게 성장한 전례가 있고, 또 주요 건축물을 외국인 건축가에게 맡겨 성공한 사례도 적지 않다. 집을 지을 때 어떤 집을 지을까 하는 고민 이상으로, 누가 지을지, 어떤 절차와 과정을 거쳐 지을지가 중요하다는 사실을 헌법의 경우에도 명심할 필요가 있다.

현행 헌법 제10장은 헌법 개정에 대해 "국회 재적의원 과반수 또는 대통령의 발의로 제안"되며, "재적의원 3분의 2 이상의 찬성을 얻어" 국회에서 의결되어야 한다고 한다. 그리고 "국민투표에 붙여 국회의원 선거권자 과반수의 투표와 투표자 과반수의 찬성을 얻어야" 확정되며 "대통령은 즉시 이를 공포하여야 한다". 개헌은 간단한 문제가 아니다. 하지만 민주주의의 본령에 이르려면 어떻게든 시민헌법으로의 개헌을 이루어내야 한다. 시민헌법으로 가는 개헌의 출발선에서 무엇보다 중요한 것이 시민헌법에 대한 각성이다.

맡기는 방식을 제네바 등 근대 이탈리아의 여러 공화국도 채택했다고 했다.

왜 시민이 직접 헌법을 제정해야 하는지부터 알아야 한다. 시민헌법으로 개헌하는 길은 아주 멀겠지만, 그 과정에서 시민의 정치의식은 크게 성장할 것이다. 개헌을 위한 걸음이 느릴지라도 한국의 민주주의를 위해 이보다 큰 성취는 없을 것이다.

헌법재판소는 민주적 기관인가

헌법재판소는 1960년 개헌 때 처음 도입되었으나 5·16쿠데타로 헌정이 중단되면서 실제로 설치되지는 않았다.[21] 그러다 1987년 개헌 때 다시 도입되어 비로소 실질적인 역할을 했다. 헌법재판소는 헌법소원제도 등을 활용하여 종전의 군사독재 악법을 철폐하는 등, 현행 헌법으로의 개헌 성과 중 성공적인 부분으로 평가되었다.[22] 제정된 법률이나 법의 적용이 헌법과 부합하는지를 심사한다는 점에서 헌법재판소는 국회는 물론 법원까지 견제하는 제4권력이라 할 수 있으며, 최종 결정권을 지닌다는 점에서 최고 권력으로 볼 수 있다. 문제는 이 막중한 권력이 과연 민주적 뒷받침을 받고 있느냐다.

헌법재판소에서는 2004년 노무현 대통령 탄핵 심판과 신행정수

---

21 최호동, 앞의 논문, 344쪽.
22 이범준, 『헌법재판소, 한국현대사를 말하다』, 궁리, 2009, 55쪽.

도의 건설을 위한 특별조치법에 대한 헌법소원 등 국가 핵심 사안을 다루었고, 2014년에는 통합진보당 해산이라는 한국의 정당제도를 흔드는 중대한 결정을 했다. 그리고 마침내 2017년 박근혜와 2025년 윤석열 대통령 탄핵 심판 때 "피청구인 대통령 ○○○을 파면한다"고 시민이 뽑은 대통령의 파면을 결정하면서 그 권력이 모든 시민 위에 있음을 보여줬다. 이제 국회든 대통령이든 시민이든 자신의 희망과 운명을 최종적으로는 헌법재판소에 걸어야 한다는 사실을 안다. 한국에서 명목상 최고 권력은 국민에게 있을지 모르나 실질적 최고 권력은 헌법재판소에 있다.

　모든 주권은 국민에게서 나온다는 민주공화국 대한민국에서 하늘과 같은 헌법재판소의 권력은 어디서 나온 것일까? 주권자 국민이 헌법재판소에 언제 어떤 방식으로 주권을 위임했을까? 국민이 뽑은 대리인인 국회의원이 헌법을 만들어 그런 권력을 부여했다고는 하지만 절차적으로나 실질적으로나 대리가 적절한지 의문이다. 설사 일부 법률적 대리를 인정한다고 해도 이는 어디까지나 제한된 범위 내에서 이루어져야지 권리자의 기본권까지 무단으로 가져갈 수는 없다. 아무리 위임을 받았다고 해도 생존권과 자유권을 포함한 시민의 기본적 권리를 모두 넘겨받았다고 주장할 수는 없다. 아파트 재건축 사업을 진행할 때 조합장이 조합원에 의해 선출되었다 해도 그에게 조합원의 재산을 임의로 처분할 권리가 없는 것과 마찬가지다. 아무리 위임 행위가 있었다 해도 위임의 권한은 어디까지나 제한적이어야 한다.

헌법재판소 재판관은 9인으로 '법관의 자격'을 가진 사람 중에서 대통령이 임명하는데 3인은 국회에서 선출하고, 다른 3인은 대법원장이 지명해 임명한다. 대통령이나 국회처럼 선출된 대리인이 다시 대리인에게 시민의 권리를 위임하거나, 대법원장처럼 대리인에 의해 임명된 대리인이 다시 대리인에게 권리를 위임하는 셈이다. 과연 헌법재판소 재판관이 이렇게 국민에게 권력을 위임받은 자가 다시 권리를 위임해도 될 정도로 비중이 작은 자리인지 묻지 않을 수 없다. 대한민국헌법에서 국민의 직접적 주권 행사라고 할 국민투표는 헌법을 개정할 때나 가능하고 그 외 모든 국가 중대사의 결정권을 이들 소수의 법관에게 몰아주었으니 헌법재판소 재판관은 결코 위임에 다시 위임을 받아 임명할 자리가 아니다. 한 단계씩 위임을 거칠수록 원주체인 국민의 뜻이 반영되기 어려울 터이니 그만큼 민주주의의 이상에서 멀어진다. 이와 유사한 맥락에서 정치학자 오현철 교수는 헌법재판소가 민주주의 원칙을 침해한다고 비판한 바 있다.[23]

---

[23] 오현철, 『토의민주주의』, 전북대학교출판문화원, 2018, 236쪽.

헌법재판소의 비민주성

헌법재판소의 비민주주의적 성격은 그 주요 권한이라 할 법률심판권에서도 확인된다. 시민의 대리 기관인 의회가 제정한 법률을 사법부가 심판하는 것이 과연 민주주의 절차에 부합할까. 로버트 달의 『민주주의와 그 비판자들』에서는 미국의 대법원이 가진 법률심사권을 '사법적 의사擬似 수호자주의guardianship'를 대표하는 것으로 보면서 그 민주주의적 정당성을 조목조목 비판한다. 그는 민주주의 국가 21개국 가운데 13개국만 입법부가 제정한 법률에 대해 사법부 등에서 심사권을 가지며, 심사권이 있는 곳에서도 입법부가 제정한 법을 거부하는 걸 조심스러워한다고 했다. 네덜란드나 뉴질랜드에서는 심사권이 없고, 노르웨이나 스웨덴에서는 심사권이 제한적이며, 스위스에서는 주의 입법에만 한정한다고 했다. 이렇듯 선진 민주주의 국가에서는 특정 집단에게 민주주의적 절차에 반하는 권한을 주지는 않는다고 말했다.[24] 그는 미국 대법원이 가진 법률심사권이 특수하다는 점을 지적하고자 했는데, 한국의 사법부는 미국보다도 민주적 요소에 있어서 결함이 더 많은데도 불구하고 민주주의 국가로는 생각하기 어려울 정도로 막강한 권한을 지니고 있다.

주권자 시민 위에 자리한 헌법재판소가 지금 대한민국의 항해사

---

24 로버트 달, 조기제 옮김, 『민주주의와 그 비판자들』, 문학과지성사, 1999(원저 1989), 360~363쪽.

노릇을 하고 있다. 헌법에 규정한 헌법재판소의 권한을 보면, 국회에서 의결된 대통령, 국무총리 등의 탄핵 소추 심판은 물론이고 정당 해산, 국가 기관 상호 간의 권한 쟁의 심판까지 맡고 있다. 국가 핵심 권력의 권한 조정과 최종 운명까지 결정한다. 특히 실소를 금할 수 없는 부분은, 탄핵 소추 심판 대상에 헌법재판소 재판관까지 포함된다는 것이다. 어떻게 자기 자신을 심판하게 하는 조항까지 넣을 수 있었는지, 법률가를 무한히 신뢰한 게 아니라면 상식으로는 도저히 이해되지 않는다. 관련 논문에서도 탄핵 심판 기관의 구성원을 탄핵 소추나 탄핵 심판의 대상에 포함시키는 경우는 아주 드문 일이라고 했다.[25] 예를 들어 영국과 미국의 경우 여러 최고 권력자에 대한 탄핵권을 의회가 가지고 있는데 하원에서 소추하고 상원에서 심판하는 식이다.

대한민국헌법 서두에 내세운 국민주권설에 비추어보면 한국 헌법은 헌법재판소를 통해 국민주권설을 부정하고 있다. 시민이 가져야 할 권한을 헌법재판소에 모조리 맡기기 때문이다. 만일 개헌이 이루어진다면 헌법재판소의 역할은 근본으로부터 재논의해야 할 것이다. 적어도 헌법재판소가 민주적 기관으로 거듭나도록 재판관의 자격, 선출방식, 권한 등이 조정되고 무엇보다 시민이 재판에 참여 또는 견제할 수 있는 방안이 고려되어야 할 것이다.

---

[25] 권건보, 「헌법재판소 재판관 탄핵제도의 문제점」, 『헌법학연구』 15-3, 한국헌법학회, 2009, 147쪽.

시민법관, 재판권을 돌려다오

 재판권이 없는 시민은 지배자라 할 수 없고 시민이 지배자가 아닌 정치를 민주주의라고 부를 수 없다. 민주주의 국가라면 어떤 식으로든 시민에게 재판권을 부여해야 한다. 대한민국에서는 시민이 재판에 일절 관여하지 못하나 민주주의 선진국에서는 예외 없이 시민에게 재판권을 부여한다.
 해외 민주주의 국가에서 시민이 재판에 참여하는 방식은 크게 둘로 나뉜다. 하나는 전문법관과 별도로 시민들로 배심원단을 꾸려서 재판권 일부를 행사하는 방식이고, 다른 하나는 시민법관이 전문법관과 함께 재판에 참가하는 방식이다. 전자를 배심원제, 후자를 참심원제라고 부른다. 영국과 미국은 배심원제를, 프랑스, 독일, 일본, 대만은 참심원제를 채택한다.[26]
 한국은 배심원제든 참심원제든 어느 쪽도 도입하지 않았고 아직 본격적인 논의도 이뤄지지 않았다. 2008년부터 국민참여재판이라는 제도를 만들어 시민을 배심원으로 참여시켜 일정하게 사법시민주권을 행사하게 한 것처럼 보이게도 했으나 국민배심원단의 결정은 어디까지나 참고사항에 불과하여 실질적으로는 들러리라 할 수 있다.[27] 전 헌법재판소 재판관 강일원 변호사는 「시민의 사법참여」라는 신문 칼럼에서 한국을 시민의 사법 참여가 없는 특이한 나라로 소개하기도 했다.[28]

시민의 사법참여는 재판 참여에만 국한되지 않는다. 법관을 선발하고 징계하는 데 주도적으로 참여하는 일도 해당된다. 한국에서는 법관 선발과 징계에 시민이 개입할 여지가 거의 없으나[29] 미국은 완

---

26 김정길, 「국민의 형사재판 참여에 관한 법률에 대한 헌법적 쟁점」, 서울대학교 석사논문, 2013을 주로 참고하였다. 기타 김택수, 「프랑스 참심재판의 개혁과 시사점」, 『법학논총』 31-2, 한양대학교 법학연구소, 2014; 하태영, 「독일 형사소송에서 참심원」, 『비교형사법연구』 16-1, 한국비교형사법학회, 2014 참조. 필자의 지인인 독일인 교수는 참심제를 택한 독일에서는 시민판사를 신문광고로도 모집한다면서 해당 광고를 사진으로 찍어서 보내왔다. 추첨으로 뽑는 배심원제 시민판사와 신문광고로 뽑는 참심원제 시민판사의 존재를 통해 시민판사의 위상을 대략 짐작할 수 있다.

27 홍진영, 「배심원의 법적 판단에 관한 연구」, 서울대학교 박사논문, 2023, 제5장 '국민참여재판에서의 배심원의 법적 판단'에서 국민참여재판을 둘러싼 여러 논란을 자세히 다루고 있다. 이 논문은 배심원제에 대해 비교적 긍정적인 시각을 보여주고 있으나, 이 책에서처럼 당위와 필수의 차원에서 다루고 있지는 않다. 한편 법학자 김인회(『시민의 광장으로 내려온 법정―시민을 위한 배심재판 입문』, 나남, 2016, 342쪽) 교수는 이 책과 마찬가지로 지배자와 피지배자가 동일해야 한다는 민주주의 원칙에 따라 배심원제 도입을 주장한다.

28 매일경제, 2021년 9월 13일.

29 양시훈, 최유경, 『각국 법관 징계제도에 관한 연구』, 대법원 사법정책연구원,

전히 다르다. 미국에서는 제소되는 사건의 90퍼센트 이상을 주 법원에서 처리하는데, 주 법원 판사 중 약 90퍼센트 정도가 선출 선거 또는 인준 선거로 선발된다.[30] 시민이 직접 법관을 뽑거나 인준하는 것이다. 법관 징계의 경우에도 시민의 역할 비중이 높은데, 법관의 징계를 맡는 법관행동위원회의 구성을 살펴보면, 주마다 조금씩 사정이 다르지만 대체로 비법조인인 시민이 과반 이상이다.

사법부가 민주적 정당성을 얻으려면 시민의 사법참여는 꼭 필요하며 민주적이어야만 시민들이 재판에 진정으로 승복할 것이다. 소크라테스가 사형이라는 최악의 재판 결과를 감수한 것도 민주적 재판정을 존중했기 때문으로 생각한다.[31] 한국의 사법부와 법률가들은 곧잘 사법부와 재판의 독립을 말하는데, 이는 권력, 특히 독재 권력 혹은 경제 권력 등으로부터의 독립을 뜻하는 것이지 시민으로

2015, 29쪽과 65쪽. 한국의 법관징계위원회는 위원장 1인과 위원 6인으로 구성되는데, 위원장 1인과 위원 3인은 법관이며, 나머지 3인은 변호사 1인, 법학교수 1인, 기타 학식과 경험이 풍부한 사람 1인으로 대법원장이 임명 또는 위촉하게 되어 있다(「법관징계법」 제5조).
[30] 김명식, 「사법권독립과 민주주의의 조화—미국의 주법관선거제도에 대한 찬반논쟁을 중심으로」, 『미국헌법연구』 22-2, 미국헌법학회, 2011, 3쪽. 미국 선출직 법관의 역사에 대해서는 조지형, 『헌법에 비친 역사』, 푸른역사, 2007, 219~222쪽.
[31] 소크라테스가 사약을 받아 죽기 전날 죽마고우 트리톤이 감옥으로 찾아와 탈옥을 권한다. 이에 소크라테스는 탈옥은 정의롭지 못한 일이라고 트리톤을 설득한다. 소크라테스는 아테네라는 나라와 그 법률의 혜택을 입은 자신이 법률을 어기며 탈옥할 수 없다고 했다. 여기서 아테네의 정치와 사법에 대한 그의 생각을 엿볼 수 있다. 플라톤, 이기백 옮김, 『크리톤』, 아카넷, 2020, 41쪽 및 43쪽.

부터의 독립이 아니다. 판사 출신인 정인진 변호사는 사법권 독립이란 다른 사람의 명령을 듣고 판결을 내리지 않는다는 것이지 아예 다른 사람의 말을 듣지 않는다는 것은 아니라고 했다.[32] 개별 재판이야 권력이든 여론이든 그 무엇에도 휘둘리지 않도록 절차상 독립이 보장될 필요가 있지만, 사법부 구성이나 재판 절차에 시민이 참여하지 않는 것을 독립이라고 말할 수는 없다. 시민을 배제한 독립적 재판이란 결국 전제 왕정의 임금이나 귀족 과두정의 귀족들이 행한 독단적이고 특권적인 재판일 뿐이다. 이런 재판으로는 결코 민주주의적 정당성을 보장받을 수 없다.

시민이 주인이 되는 길, 시민법관

토크빌은 시민의 직접적 사법참여를 보여주는 미국의 배심원 제도가 재판관의 권리를 제한하는 것이 아니며 실제로는 재판관의 권위를 높여준다고 했다.[33] 재판관이 배심원제를 통해 민주적 지지를 받는 존재가 되기 때문이다. 시민의 사법참여만이 사법부가 시민으로부터 멀어지지 않는 길이다. 토크빌은 또한 배심원제가 사법제

---

32 정인진, 『이상한 재판의 나라에서―우리 사법의 우울한 풍경』, 교양인, 2021, 238쪽.
33 알렉시 드 토크빌, 앞의 책, 469쪽.

도이면서 동시에 정치제도로 국민성 형성에 큰 영향을 준다고도 했다. 배심원제로 모든 시민이 재판에 참여함으로써 누구든 이웃을 재판하고 또 이웃에 의해 재판을 받는 대등한 존재임을 알게 된다고 했다. 시민이 공동체의 중요한 결정에 참여할 때 비로소 시민으로 거듭난다.[34]

시민의 사법참여는 민주주의를 위하여 꼭 필요한 일인데도 불구하고 반대하는 사람이 적지 않다. 대표적인 반대 논리는, 재판은 전문성을 요하는 일이라 일반 시민은 참여할 수 없다는 주장이다. 경제 범죄 등 보통 시민이 이해하기 까다로운 사건들의 경우에는 그럴 수도 있으나 이런 분야는 전문법관이라도 잘 알지 못한다. 더욱이 이런 주장을 펼치는 사람은 전문법관의 법정은 아무 문제도 없다고 여기나 현실은 그렇지 않다. 전문법관이 권력이나 금력 등 자기와 관계된 이익에 따라 부당하게 판단하기도 하고, 심지어 자기 집단 혹은 계급의 세계관에 갇혀 동료 법조인이 보기에도 법리와 상식에 어긋난 판단을 내리기도 한다.

한국의 사법 신뢰도는 37개 주요 선진국 가운데 꼴찌다. 2019년 국제협력개발기구 OECD 보고서에 따르면 한국의 사법 시스템과 법원의 신뢰도는 꼴찌다.[35] 이 결과는 아직도 거의 그대로 유지되

---

34 위의 책, 459~470쪽 참조.
35 「사법부 신뢰도 OECD 꼴찌, 대법원 발칵 뒤집혔다는데…」, 조선일보, 2019년 11월 5일.

고 있다. 사법 시스템에 대한 불신을 조장하는 대표적인 사법범죄라 할 수 있는, 이른바 전관예우에 대해 판사, 검사, 변호사가 각각 23.2퍼센트, 42.9퍼센트, 75.8퍼센트의 비율로 현실에 존재한다고 본다.[36] 법률가조차 이렇게 높은 비율로 사법범죄의 존재를 믿는 나라가 한국이다.

상황이 이런데도 많은 법관들이 법관의 탁월한 양심과 양식을 믿으며 사법 영역의 시민참여를 부정적으로 인식한다.[37] 심지어 진보 성향의 법관조차 다르지 않다. '부정청탁 및 금품등 수수의 금지에 관한 법률' 이른바 김영란법을 입안한 것으로 유명한 김영란 전 대법관조차 시민의 견제를 받는 재판에는 부정적이다.[38] 그는 사법부가 여론에 휘둘리지 않고 훌륭한 판결을 내린 예로 민법의 동성동본 금혼 조항에 대해 1997년 헌법재판소가 헌법불합치 판결을 내린 것을 들었다. 해당 금혼 조항이 행복추구권과 성평등 등 헌법이 추

---

36 2018년 대법원에 설치된 '국민과 함께하는 사법발전위원회'에서 의뢰한 용역보고서 「전관예우 실태조사 및 근절방안 마련을 위한 연구」(고려대학교 산학협력단)에 나온다. 안천식, 『전관예우 보고서』, 옹두리, 2020, 292~295쪽에서 재인용. 이 책은 변호사인 저자가 자신의 재판 경험을 통해, 법관, 사법독립, 재판독립에 대한 불신을 정리한 것이다. 그는 배심제 또는 참심제의 도입 등 시민의 사법참여가 필요하다고 주장한다.
37 한국의 주류 법학자들조차 시민이 사법의 주체가 되는 데 회의적 또는 부정적 의견을 가지고 있다고 한다. 그들은 시민의 정치적 자질을 판단력 부족, 선동에 휘둘릴 위험, 이기주의적 결정 등으로 평가하고 있다.(정태호, 「한국 헌법사에서의 직접민주제의 시련과 발전」, 『한국 민주주의의 새 길―직접민주주의와 숙의의 제도화』(조대엽 외), 경인문화사, 2022, 279~280쪽).
38 김영란, 『김영란의 열린 법 이야기』, 풀빛, 2016, 201~202쪽.

구하는 가치에 위배된다면서 개정을 요구한 일이다.

그런데 냉정하게 이 판결을 따져보면 동성동본 금혼 문제에 대해서는 법관들이 판결하기 수십 년 전부터 이미 많은 지식인, 시민이 심각한 문제의식을 지니고 있었다. 다만 성균관을 비롯한 유림을 중심으로 강한 반대 의견이 있어서 개정이 이루어지지 못하다가 헌법재판소가 신설되면서 결정이 내려진 것이다. 헌법재판소의 결정이 의의가 없다는 얘기가 아니라 헌법재판소가 아니고서는 이런 결정을 못 내렸다는 듯한 설명은 적절치 않다는 것이다.

김영란의 생각과 달리 법관이 권력에 굴복하거나 권력과 결탁하여 내린 판결은 적지 않고 무지와 편견이 깔린 판결 또한 하나하나 적시하기 어려울 정도다. 군사독재 시절에는 독재권력에 무릎을 꿇었고, 지금도 전관예우 외에 친인척, 기업 및 권력과 결탁하여 이익을 얻으려 했다고 의심받는 판결이 적지 않다. 한 예로 2014년 한 지방법원에서 있었던 '황제노역 판결'을 들어보자. 범죄자에게 부과된 벌금을 노역으로 갚을 수 있게 한 제도를 이용하여, 한 판사가 어느 기업 총수의 노역 일당을 5억 원으로 정하여 벌금을 탕감해준 판결이다. 불과 몇 달간의 노역으로 기업 총수는 자신에게 부과된 수백억 원의 벌금을 모두 상환했다. 일반인의 상식으로 도저히 생각할 수 없는 고액의 일당이 도대체 어떻게 가능한지, 판결을 맡은 판사 본인은 물론이고 누구 하나 제대로 설명한 법관이 없어서 알 길은 없지만, 이런 판결도 법관들이 곧잘 말하는 헌법정신에 따른 판결이라 할 수 있을지 의문이다.

　미국 건국기의 중심인물로 변호사이기도 했던 알렉산더 해밀턴은 민사소송에서 배심원제를 채택하면 재판관을 매수하기가 어려워 공정한 재판을 기대할 수 있다고 했다.[39] 한국은 형사재판에서도 전관예우 타령이 나오는 나라니 배심원제든 참심원제든 시민법관의 재판 참여가 더욱 절실하다. 시민법관이 서툴러서 잘못 판단을 내리는 것과 전문법관이 알고도 잘못 판단하는 것 중 어느 쪽이 공동체에 더 큰 해악을 끼치는지 따져본다면 어느 일방만 문제라고 말할 수는 없을 것이다.

　한국의 국민참여재판 시민 배심원 재판 통계나 미국의 배심원 재판 통계에 의하면, 배심원 대부분이 재판 내용을 이해할 뿐만 아니라 전문법관의 판결과 판결 일치율도 높은 것으로 나타났다.[40] 이런

39　알렉산더 해밀턴 외, 박찬표 옮김, 『페더럴리스트』, 후마니타스, 2019(원저 1788), 620쪽.

40　1966년 발표된 미국의 한 연구에 따르면 배심원과 전문법관의 유무죄 일치율이 78퍼센트였으며, 불일치한 22퍼센트 중에서 19퍼센트가 배심원이 더 관대한 판결을 내렸다고 한다(김병수, 「국민참여재판 시행 십 년의 평가와 과제」, 『법학연구』 60-2, 부산대학교 법학연구소, 2019, 278~279쪽). 또한 한국의 국민참여재판의 경우 미국보다 일치율이 더 높았는데, 2018년에 발표된 사법발전위원회의 자료에 따르면, 국민참여재판 시행 십 년(2008~2017) 동안의 재판 2267건 중에서 93.2퍼센트에 해당하는 2112건에서 배심원의 평결과 법관의 판결이 일치했다. 이렇게 높은 일치율은 배심원의 높은 심리 집중도와 높은 재판 이해도와 관계된다. 2017년 대법원 사법지원실에서 발간한 자료에 따르면 2008년부터 2016년까지의 국민참여재판에서 배심원 85.8퍼센트가 심리에 집중했으며 88.6퍼센트의 배심원이 재판 내용을 대부분 이해했다고 한다.

결과에 대해서도 일부 법관들은 판사들의 헌신적 조력 덕분이라고 평가하지만, 그렇게 도와주어 올바른 판단을 내릴 수 있다면, 배심원제는 충분히 채택할 만한 제도라 할 수 있다.

한편 시민법관과 전문법관의 높은 판결 일치율은 시민의 사법참여에 대한 반론의 근거가 될 수도 있다. 둘의 판결이 크게 다르지 않다면 굳이 큰 비용이 드는 시민법관제를 운영할 필요가 있을까 의문을 제기할 수 있다. 영국에서는 이런 이유 등으로 시민의 참여를 축소하기도 했다. 그런데 이는 타당한 반론일 수 있지만 한국은 영국과 역사적 경험이 다름을 명심할 필요가 있다. 아직 시민이 재판권을 가져본 적이 없는 한국 같은 나라에서 시민법관제는 더욱 절실하다. 사법시민주권을 일부 포기해도 일정한 수준의 민주주의가 존속할 나라도 있겠지만, 아직 그 수준에 이르지 못한 나라라면 시민의 사법지배를 명확히 하는 제도를 일정 기간 유지하면서 민주주의를 공고히 다질 필요가 있다. 설사 전문법관의 재판이 시민법관의 그것보다 얼마간 나은 점이 존재한다고 해도, 시민 모두가 법관이 될 수 있다면 그것이 민주주의를 위해 결정적 역할을 한다는 점에서 채택할 이유가 된다.

한국 시민의 판단능력을 믿지 못해 시민의 사법참여를 부정적으로 보는 전문가들의 의견 또한 어떤 면에서는 일리가 있다. 지금까지는 시민이 사법절차에 참여한 일이 전무했으니, 당연히 시민들은 법에 대해 알려고 하지도 않았고, 그래서 무지가 시민을 지배했다.

할 일이 없었으니 할 생각을 하지 않았고 할 생각이 없었으니 알려고 들지도 않았다. 그러니 당장 시민들에게 재판을 맡기면 서툴 수밖에 없다. 그러나 오래지 않아 우리 시민의 판단능력은 크게 성장할 것이고 법질서는 물론 민주주의까지 한 차원 높은 수준에 올라설 것이다. 전문성 등을 핑계로 시민을 사법 영역에서 배제하는 일은 신입사원을 뽑아서 키울 생각은 하지 않고 경력사원이 한 명도 없는데 경력사원만 뽑겠다고 고집하는 회사와 같다. 시민 역량에 대한 믿음 없이는 어떤 민주주의도 시작될 수 없다.

판단권력이란 무엇인가

　사법시민주권은 재판권에만 국한되지 않는다. 형사재판의 경우에는 재판 이전 수사와 기소 단계에서도 공권력이 일정한 판단을 한다. 나는 재판을 포함하여 수사, 기소 등 형사사법 절차에서 행해지는 제반 판단의 주체를 판단권력이라고 부르고자 한다. 그리고 그 판단권력에 시민의 참여가 필요함을 주장한다. 한국은 재판은 물론 수사와 기소에 시민의 참여를 허용하지 않지만 민주주의 선진국은 그렇지 않다. 선진국에서는 기소 단계에 시민이 참여할 뿐만 아니라 수사와 기소 권력의 선발과 징계에도 적극적으로 개입한다.

　원래 기소는 한국에서건 서양에서건 재판과 나뉘지 않았으니 시민에게는 기소도 하나의 재판이다. 그런데 소송을 제기한 측에서 판결까지 진행하면 기소 의견이 판결에 영향을 미칠 테니 공정한 재판을 위해 기소 주체를 재판 주체와 분리시켰다. 배심원제를 처음 채택한 영국에서는, 14세기에 많은 인원으로 구성된 큰 규모의 기소 배심원단과 그보다는 적은 인원으로 구성된 작은 규모의 심리 배심원단을 분리하는 법령을 만들었다. 그래서 기소를 맡는 기소배심을 대배심grand jury, 재판을 맡는 심리배심을 소배심petit jury이라고 부른다. 기소 자체가 하나의 중요한 결정이고 재판으로 들어가는 관문인 만큼 재판 이상으로 중요하게 생각해 배심원단을 크게 꾸린 것이다.[41]

먼저 미국의 기소배심제를 살피면, 미국 헌법은 수정 제5조에 "어느 누구도 대배심의 고발 또는 기소 없이 사형 죄 또는 그 밖의 파렴치 죄로 심문받지 않는다"고 했다. 미국에서 중범죄는 반드시 시민이 참여한 배심원단의 기소를 거쳐야 할 뿐만 아니라 재판에서도 동일한 권리를 보장하며 시민 배심원단의 판단을 다른 결정보다 우위에 두었다. 주마다 다르지만 미국은 검사를 선임하고 징계할 때에도 시민이 주도적으로 참여하는 제도를 가지고 있다. 주 정부 또는 카운티 검찰 고위직의 95퍼센트를 선출하며, 임기는 2년에서

---

[41] 오늘날 영국에서는 배심원제를 축소했는데, 기소배심은 1933년에 완전히 폐지하였고, 심리배심의 경우도 제한적으로만 보장한다. 배심원을 뽑고 재판하는 데 드는 번거로움과 비용에 비해 특별히 나은 결과가 나오지 않는다고 판단한 것이다. 그러나 영국과 달리 미국에서는 사법절차에서 배심원제가 여전히 중요한 역할을 하고 있다. 이지나, 「성폭력범죄에 대한 국민참여재판과 피해자 보호제도에 관한 비교법적 고찰―영국 배심제를 중심으로」, 『법학논집』 26-2, 이화여자대학교 법학연구소, 2021, 165~166쪽.

4년이다.[42]

한국은 기소배심제가 없을 뿐 아니라 검사를 선발하고 징계하는 데 시민이 참여할 길이 거의 없다.[43] 더욱이 한국은 기소를 국가, 곧 실질적으로 검찰이 독점하게 했으며 기소편의주의를 채택하여 검찰의 자의적 판단 가능성을 높였다. 영국, 프랑스, 독일 등에서 피해자가 직접 기소를 할 수 있는 사인소추주의를 따르는 것과 사뭇 다르다.[44] 현실적으로 개인이 기소하기가 쉽지 않기에 이들 국가에서도 사인소추의 비율이 높지 않으나, 하지 않는 것과 할 수 없는 것은 엄연히 다르다. 이리하여 한국 검찰은 시민의 견제를 받지 않는 한국에서 가장 막강한 권력기관이 되었다.

2021년 고위공직자범죄수사처에 검사를 둠으로써 검찰의 기소권 독점이 깨졌다. 하지만 새 기구는 규모 면에서 검찰의 작은 지청

42　이윤제, 「검찰개혁과 검사장 직선제」, 『형사법연구』 29-2, 한국형사법학회, 2017, 228쪽.
43　한국에서는 검사의 징계를 법무부 산하 검사징계위원회에서 심의한다. 그 구성을 보면 위원장은 법무부장관이며 위원장 외에 9인의 위원이 있다. 위원으로는 법무부차관 1명, 법무부장관이 지명하는 검사 2명, 대한변호사협회장이 추천하는 변호사 1명, 사단법인 한국법학교수회 회장과 사단법인 법학전문대학원협의회 이사장이 각각 1명씩 추천하는 법학교수 2명, 학식과 경험이 풍부한 사람으로서 변호사의 자격이 없는 사람 2명(이 경우 1명 이상은 여성이어야 한다)이다. 위원 9인 중 법과 무관한 일반 시민은 최대 2인에 그칠 뿐만 아니라 그나마도 법무부장관의 위촉을 거쳐야 한다. 김성진, 「검사징계법의 제문제」, 『저스티스』 184, 한국법학원, 2021, 308~309쪽.
44　김성규, 「사인소추주의의 제도적 현상과 수용가능성」, 『외법논집』 34-1, 한국외국어대학교 법학연구소, 2010 참조.

정도에 불과하여 거대한 검찰을 견제하기에 역부족이다. 그리고 권력 견제라는 것이 견제할 만한 능력이 있어야 할 뿐만 아니라 그럴 능력을 갖췄어도 의지가 없으면 무용지물이다. 권력 간 견제는 권력의 균형이 이루어지고 구성원들이 자기 역할을 명확히 인식하고 사명을 가진 경우에나 가능하다.[45] 검찰과 고위공직자범죄수사처가 더 큰 권력의 하수인이 되어 힘을 합쳐버린다면 권력 분립, 권력 견제는 아무런 의미가 없다.

검찰 역시 법원의 국민참여재판과 유사한, 외형적으로 시민의 참여를 허용하는 것과 같은 제도를 도입했다. 2010년 검사 성접대 사건 등으로 검찰에 대한 부정적 인식이 커지자 검찰을 개혁하겠다면서 검찰시민위원회를 설치한 것이다. 이 역시 시민의 참여와 견제가 이뤄지는 듯 시늉만 하면서 실제로는 시민을 들러리로 돌린 유명무실한 제도다. 위원회의 결정을 기소 판단에 참고하는 데 그치기 때문이다. 이 위원회는 2018년부터 검찰수사심의위원회라고 이름을 바꾸어 운영하는데 골자는 달라진 것이 없다. 검사 출신으로 헌법재판관을 역임한 한 변호사는 검찰권에 대해 민주적 통제가 필요하다면서 기소배심제를 검토할 필요가 있다고 했다.[46]

---

45 앨런 라이언, 남경태, 이광일 옮김, 『정치사상사―헤로도토스에서 현재까지』, 문학동네, 2017(원저 2012), 694쪽에서는 권력분립이 소기의 결과를 얻으려면 그것을 이루려는 사람들의 확고한 의지가 필요함을 역설하고 있다.
46 중앙일보, 2019년 10월 30일, '안창호의 퍼스펙티브'.

기소배심제 역시 시민법관과 같은 이유로 법조계에서 부정적인 의견이 적지 않다. 법률 지식과 경험이 부족한 배심원이 결국 검사의 고무도장rubber stamp 역할밖에 못 할 것이라는 의견이다. 법률 전문가인 검사의 의견을 그대로 따르고 말 테니 굳이 번거롭게 도입할 필요가 없다는 것이다.[47] 대체로 시민검사가 전문검사의 의견을 따른다고 해도, 시민검사의 판단은 전문검사의 단독 판단과는 근본적으로 다를 수밖에 없다. 적어도 전문검사들이 시민검사들로 인해 지금처럼 선뜻 자의적으로 판단을 내리지는 못할 것이다. 이것만으로도 기소배심을 설치할 중요한 이유가 된다. 여기에 더해 시민의 참여는 검사들의 민주적 권위를 높여줄 것이고 이와 함께 시민의 민주주의적 정치의식도 높아질 것이다.

기소가 재판과 분리된 것과 같은 이유로 수사도 기소와 분리될 필요가 있다. 그리고 기소나 재판과 마찬가지로 수사에도 시민의 참여와 견제가 필요하다.[48] 경찰 수뇌부를 시민이 선출하거나 국회 등에 시민수사위원회를 둘 수도 있다.[49] 경찰이나 검찰에서 수사가

47　표성수,「재판 전 형사절차에 있어서 국민 참여제도에 관한 연구―미국의 대배심제도와 일본의 검찰심사회제도를 중심으로」,『저스티스』113, 한국법학원, 2009, 187~188쪽.
48　이성기,「검찰개혁에 관한 연구―검찰지배에서 시민 통제 형사사법 제도로」,『한국경찰연구』18-4, 한국경찰연구학회, 2019 참조.
49　2024년 8월 31일 내가 참여한 독서모임에서 조호균 변리사께서 뉴욕경찰국의 경찰징계위원회에 대해 알려주셨다. 2023년 시장, 시의회, 경찰위원장 등이 임명한 15인

개시되면, 피의자는 당장 칼에 찔리고 총알을 맞는 것은 아니지만 사회적 경제적 죽음을 맞이한다. 소환과 수사로 불려다니며 미래를 불안해하면서 생업은 망가지고 변호사비 등으로 재산을 날리는 등 일상이 무너진다. 형사사법 절차에서 수사 개시는 그 자체로 인권 침해일 수 있다.[50] 심지어 수사가 본인은 물론 친인척, 친구에게까지 그물망을 치듯 이루어지고 당초 겨누지 않았던 혐의까지 샅샅이 찾아 무리하게 진행된다면 그 사람의 인생은 파국을 맞게 된다. 이런 수사를 두고 흔히 '사냥'이라고 부른다.

사정기관이 어떤 사람을 죽이려고 마음먹으면 수사를 통해서 충분히 가능하다는 사실을 우리는 수사중 자살하는 사람들로써 익히 봐왔다. 권력자는 수사기관을 이용하여 자기편의 혐의에는 눈을 감고, 정적에게는 작은 흠결이라도 샅샅이 수사하여 기소할 수 있다. 재판에서 이기고 지고는 그다음 문제로, 이미 그 대상자는 혐의자, 피의자로 막중한 피해를 입는다. 봐주기 수사, 부당 수사, 과잉 수사를 통한 형벌권 오남용은 시민에 의해 반드시 통제되어야 하며, 부당한 수사권 행사에 대해서는 엄중히 책임을 물어야 한다. 판단권력에 대한 시민의 참여와 통제가 이루어질 때 비로소 실효성 있는 형

의 시민으로 구성된 징계위원회가 경찰국 최고위직인 경찰위원장(민간인)에게 권고하여 삼만 오천 명을 거느린 경찰청장에게 징계처분을 내린 적이 있다.

50   조광훈, 「수사개시권 남용의 원인과 그 개선방안」, 『법학연구』 14-2, 인하대학교 법학연구소, 2011 참조.

사사법제도의 민주적 개혁이 이루어졌다고 말할 수 있을 것이다.[51]

---

51 사법시민주권을 위한 사법개혁을 다룰 때 사법평등과 정보공개 등을 더 논의해야 한다고 생각한다. 가진 자나 못 가진 자, 아는 자나 잘 모르는 자가 재판에서 큰 차이가 없도록 한다거나 형사사법 절차와 관련한 정보를 원칙적으로 모두 공개하는 일은 사법개혁의 절실한 과제다. 사법개혁의 세부 사항은 전문가들에게 맡기는 편이 좋을 것이다. 정보공개, 증거취급 등 여러 세부적인 형사사법 절차의 개혁 과제에 대해서는 조호균 변리사와 미국에 계신 김원근 변호사가 페이스북에 올린 글에서 많은 영감을 받았다. 이분들의 귀한 의견이 앞으로의 사법개혁 논의에 적절히 반영되기를 희망한다.

옹달샘 1.
일본과 대만의 사법 개혁

　일본과 대만은 한국과 지리상으로 문화적으로 가까울 뿐만 아니라 근대 이전까지는 민주주의를 알지도 경험하지도 못했다는 공통점이 있다. 그럼에도 세계 민주주의 지수에서 '완전한 민주주의'를 구현한 나라로 평가되는 드문 아시아 국가다. 그중 일본은 한국의 근대 형사사법 제도 형성에 큰 영향을 주었으니 한국의 제도 개혁에도 특별히 참조할 부분이 있으리라 생각하며, 대만은 한국과 마찬가지로 일본의 식민지였을 뿐만 아니라 분단국가라는 현실이 동일하니 더욱 비교하며 살필 가치가 있다.

　일본 역시 오랫동안 형사사법 제도에 시민의 참여를 막아왔는데[52]

52　패전 후 미군정기부터 법관 심사제를 유지해왔다는 점에서 일본은 한국보다 형편이 나았다고 할 수 있다. 한국의 대법관과 비슷한 최고재판소 재판관에 대해 국민이 심사 투표를 하여 탄핵하는 제도가 있었던 것이다. 단 탄핵된 재판관은 한 명도 없다고 한

21세기에 들어와서 큰 변화를 보였다. 2009년부터 기소에 있어서 검찰심사회를 실효적으로 재편했고, 재판에는 참심원의 성격이 강한 재판원 제도를 도입했다. 기소에 시민이 참여하는 검찰심사회는 일찍이 1948년에 설치하였으나 오랫동안 그 의결이 법적 구속력을 갖지 못했다. 그러다 법을 개정하여 2009년부터 구속력을 가지게 했다. 검찰심사회의 위력은 당장 나타나서 2010년 검찰에 의해 불기소됐던 오자와 이치로 일본 민주당 전 간사장이 검찰심사회에 의해 강제 기소되는 일이 있었다. 이를 계기로 검찰심사회의 권한이 크게 부각되었고, 현재 일본 사회에서 공해범죄, 뇌물범죄, 직권남용 등 공무원 범죄에 특히 유용한 제도로 인식되고 있다.[53]

재판원 제도 또한 2009년부터 시행되었는데 사형, 무기징역 등에 해당하는 중죄의 지방재판소 제1심에 대하여, 원칙적으로 재판관 3명, 재판원 6명으로 구성되는 총 9명의 합의체에서 유무죄 판단과 아울러 양형을 한다.[54] 재판원 제도는 시민 재판원이 전문법관과 대등하게 평의에 참가한다는 점에서 프랑스의 참심원 제도와 비

다. 정혜인, 「일본 최고재판관 국민심사제와 그 시사점」, 『서울대학교 법학』 54-3, 서울대학교 법학연구소, 2013, 673쪽.
53 김재봉, 「기소절차에 대한 시민참여제도로서 기소심사회 도입방안—일본 검찰심사회와의 비교·검토를 중심으로」, 『법학논총』 29-4, 한양대학교 법학연구소, 2012, 158~169쪽.
54 우지이에 히토시(氏家仁), 「일본 재판원법 시행 후의 개정에 관한 검토」, 『형사법의 신동향』 64, 대검찰청, 2019, 357~358쪽.

슷하며, 재판원을 선거인 명부에서 무작위로 추첨하여 선발한다는 점에서는 미국의 배심원제와 상통한다.[55]

필자의 친구인 일본문학 연구자 소메야 도모유키染谷智幸 교수는 검찰심사회에 참여한 경험담을 다음과 같이 전해주었다.

저는 검찰심사회에 뽑혀 매우 귀중한 경험을 했습니다. 처음 심사회가 열렸을 때, 모인 사람들은 하나같이 무엇 때문에 자기가 뽑혔는지 이해가 안 된다며 일이 바쁘니 빨리 끝내자고 불평만 했고 저도 동감했습니다. 그런데 심사회가 열리자 참가자 전원이 사건의 중요성을 인식하여, 마지막에는 검사가 이번에는 회의를 끝내자고 말했는데도, 참가자 대부분이 한 번 더 심사회를 열자고 말했습니다. 그래서 처음 예정했던 것보다 더 많은 심사회가 열렸습니다. 저는 이번 일을 통해 처음으로 시민이 무엇인지 실감했습니다. 시민이란 그냥 존재하는 것이 아니라 만들어진다고 생각하게 되었습니다.[56]

일본은 '완전한 민주주의'로 평가되기도 하지만 달리 보면 과연 민주주의 국가로 부를 수 있을지 의문스러운 나라다. 외형적으로는

55　정진수, 「일본의 재판원 제도―그 성립경위와 주요내용」, 『형사정책연구』 71, 한국형사·법무정책연구원, 2007, 840~841쪽.
56　2022년 12월 28일 필자가 받은 이메일의 일부.

경쟁적 선거가 이뤄지지만 실질적으로는 자민당 일당독재라 해도 과언이 아니며, 우파 국가주의자를 중심으로 국민들에게 견고한 지지를 받고 있는 천황제 역시 민주주의의 걸림돌이다. 이처럼 결함이 큰 민주주의 국가인 일본조차도 형사사법 제도에 있어서 시민의 참여를 보장하는 길로 나아가고 있다.

한편 대만은 2023년 1월부터 국민법관 제도를 시행중이다.[57] 이는 3명의 전문법관이 6명의 시민법관과 함께 재판에 임하여 동등한 자격으로 판결을 내리는 제도로 일본의 재판원 제도와 유사하다. 이제 민주주의를 어느 정도 수준에서 시행하는 나라 중 시민에게 사법권력을 부여하지 않는 나라는 대한민국 외에는 찾기 힘들게 되었다. 대한민국은 민주주의 국가 중에 사법시민주권이 전혀 없는 외로운 섬이 되어버렸다.

---

57 박재형, 「대만의 국민법관법 주요 내용」, 『최신외국법제정보』 4, 한국법제연구원, 2020 참조.

표현의 자유, 민주주의의 파수꾼

표현의 자유는 민주주의의 바탕이다. 표현의 자유 없이 민주주의가 존재할 수 없고, 민주주의여야 비로소 표현의 자유를 온전히 누릴 수 있다. 대등한 지위의 시민들 사이에서는 자유로운 표현이 가능하지만 노예가 주인에게 그리고 피지배자가 지배자에게 그럴 수 없다. 평등한 관계가 아니면 자유롭게 표현할 수 없고 자유롭게 표현할 수 있다는 것은 관계가 평등함을 의미한다. 표현의 자유는 민주주의의 권력관계, 인간관계를 규정하는 핵심이다.

대한민국은 민주공화국을 지향하는 만큼 헌법에 이 권리를 보장하는 선언이 있다. 헌법 제21조 제1항에 "모든 국민은 언론·출판의 자유와 집회·결사의 자유를 가진다"라고 말한 것이다. 이 선언이 공허한 데 머물지 않고 공동체에서 잘 구현되려면 이를 뒷받침하는 구체적인 조치가 필요한데 실상은 그렇지 못하다. 제21조 제

4항에 "언론·출판은 타인의 명예나 권리 또는 공중도덕이나 사회 윤리를 침해하여서는 아니된다. 언론·출판이 타인의 명예나 권리를 침해한 때에는 피해자는 이에 대한 피해의 배상을 청구할 수 있다" 고 했다. 자유롭게 말하라고 해놓고 그 말이 타인의 명예와 권리를 침해해서는 안 된다고 덧붙였다. 사실상 표현의 자유를 제약하는 조항을 둔 것이다. 피해자 권리 보호를 이유로 들어 타당한 말 같기도 하지만, 이는 표현의 자유가 갖는 특성을 고려하지 않은 것이다. 권력자가 타인의 권리를 보호하겠다면서 자유를 억압할 수 있기 때문이다. 어디까지, 어느 정도를 피해로 볼 것인가 하는 문제 외에도 누가 피해를 판단할지도 문제다. 권력자가 판단권력과 결탁하여 명예, 권리, 도덕과 윤리의 침해를 들면서 비판자에게 민사 또는 형사 소송을 제기해 자신에게 가해질 비판을 막을 가능성이 있다. 대한민국헌법은 한 조항 안에서 한쪽에서는 자유를 말하면서 다른 쪽에서는 억압을 말하는 모순을 보여주고 있다.

이미 헌법학계에서도 문제의 제21조 제4항을 삭제할 것을 권고하는 연구가 나와 있거니와,[58] 대한민국헌법에서 자유를 제한하는 항목은 이것으로 그치지 않는다. 제77조 제3항에는 "비상계엄이 선포된 때에는 법률이 정하는 바에 의하여 영장제도, 언론·출판·집회·결사의 자유, 정부나 법원의 권한에 관하여 특별한 조치를 할 수

---

[58] 이승선, 「헌법 제21조 제4항은 살았는가, 죽었는가?」, 『세계헌법연구』 28-1, 세계헌법학회한국학회, 2022.

있다"고 했고, 같은 조항 제1항에는 "대통령은 전시·사변 또는 이에 준하는 국가비상사태에 있어서 병력으로써 군사상의 필요에 응하거나 공공의 안녕질서를 유지할 필요가 있을 때에는 법률이 정하는 바에 의하여 계엄을 선포할 수 있다"고 했다. 전쟁에 준하는 상황에서는 언론의 자유를 포함한 제반 자유를 침해할 수 있다는 것이다. 여기에 더해 헌법 제37조에도 자유를 침해할 수 있는 조항이 나오는데, 제2항에 "국민의 모든 자유와 권리는 국가안전보장·질서유지 또는 공공복리를 위하여 필요한 경우에 한하여 법률로써 제한할 수 있으며, 제한하는 경우에도 자유와 권리의 본질적인 내용을 침해할 수 없다"고 했다. 안전보장, 질서유지, 공공복리 등의 이유로 자유와 권리를 제한할 수 있다면서, 자유와 권리의 본질적인 내용은 침해할 수 없다고 했다. 침해 불가를 말하면서도 자유와 권리의 본질이 무엇인지를 구체적으로 밝히지 않았으니, 이 조항은 사실상 시민의 자유와 권리를 위한 조항이라기보다 침해의 조항으로 읽힌다. 권력이 이 조항을 근거로 마음대로 국민의 권리를 빼앗을 것은 불을 보듯 뻔하다.

이렇듯 대한민국헌법은 자유를 보장하는 항목은 하나인데 이를 침해하는 항목은 무려 세 개나 된다. 시민에게 사법시민주권이 일절 없는 대한민국의 비민주적 형사사법체제를 고려할 때, 몇 명의 검사와 법관을 회유, 매수, 또는 강압한다면 시민의 자유는 언제든지 억압될 수 있다. 대한민국헌법은 각종 자유 침해의 조항을 버젓이 문면에 올려둔, 본질적으로는 시민의 자유를 위한 헌법이 아닌, 권력자를 위한 자유와 인권 침해의 헌법이라고 말하지 않을 수 없다.

대한민국헌법의 자유 인권 침해적 성격은 미국 헌법과 비교하면 금방 드러난다. 유명한 미국의 수정헌법 제1조는 "의회는 국교를 정하거나 또는 자유로운 신앙행위를 금지하는 법률을 제정할 수 없다. 또한 발언, 출판의 자유나 인민이 평화롭게 집회할 수 있는 권리 및 불만의 구제를 위해 정부에 청원할 수 있는 권리를 제한하는 법률을 제정할 수 없다"고 했다. 미국 헌법에는 언론 출판의 자유를 제한하는 법률의 제정을 금지하는 조항이 들어가 있는 데 반해, 대한민국헌법은 언론 출판의 자유를 막는 내용을 하위 법률이 아닌 헌법에 버젓이 올려놓고 있다.

한국은 국가비상사태 혹은 비상계엄을 핑계로 자유를 제한하는 조항을 헌법에까지 싣고 있으나, 미국은 연방헌법에 계엄 관련 조항이 아예 없다. 그리고 주에 따라서는 계엄을 아예 금지하는 곳이 있는가 하면 계엄을 인정한다고 해도 그 선포권을 주 의회가 갖도록 한 곳도 있다.[59] 또한 미국 대통령은 국가긴급사태를 선포할 수 있으나 이는 의회의 적절한 통제하에 이루어진다.[60] 현대 민주주의

---

59   박종보, 「계엄제도에 관한 비교법적 고찰—미국을 중심으로」, 『법학논총』 23-2, 한양대학교법학연구소, 2006 참조.
60   백윤철, 「미국의 국가긴급권에 관한 연구」, 『세계헌법연구』 20-2, 세계헌법학회 한국학회, 2014, 204~205쪽.

국가에서 비상계엄이 꼭 필요한지부터 따져보아야 할 것인데, 한국의 헌법은 분단 상황을 고려해서인지 너무도 쉽게 계엄과 기본권 제한, 언론 통제를 헌법에 올려두고 있다. 미국의 수정헌법 제1조가 1791년에 만들어졌으니 1987년 대한민국헌법 개정자들도 이 조항을 알았을 텐데 표현의 자유를 제한하는 조항을 헌법에 넣은 것은 다른 뜻이 있었다고 의심할 수밖에 없다.

물론 자유로운 발언을 통해 상대방의 권리가 침해될 수 있음은 충분히 고려해야 한다. 그렇지만 상대방의 권리가 권력자나 공권력의 이익이 될 가능성이 높은 경우에는 민주주의를 억압하는 수단이 될 수 있으므로 신중해야 한다. 미국에서는 1964년 앨라배마주 경찰국장 설리번이 뉴욕타임스를 상대로 제기한 명예훼손 소송에서 경찰국장을 비판한 언론사의 손을 들어준 바 있다. 이때 공직자에 대한 비판은 고의적인 허위를 동반하지 않는 이상 명예훼손에 대해 민사적 책임을 물을 수 없다며 공직자의 명예훼손에 엄격한 잣대를 들이댈 것을 요구했다. 그해 미국에서는 명예훼손의 법적 책임에 대해 더욱 엄격한 잣대를 제시한 다른 판결까지 나왔으니, 명예훼손에 따른 형사처벌 조항을 아예 위헌으로 결정한 것이다. 미국도 이 이전에는 권력자가 명예훼손 조항을 근거로 비판자의 입을 막아서 1920년에서 1956년 사이에 명예훼손 형사소송 중 절반 정도가 권력자가 검찰을 동원하여 자신을 비판하는 개인을 탄압하려는 시도였다고 한다.[61]

명예훼손죄와 표현의 자유 지키기

미국은 표현의 자유를 지키기 위해 이처럼 노력을 하고 있는데, 놀랍게도 대한민국은 아직 사실을 말해도 명예훼손으로 처벌될 수 있는 드문 나라다.[62] 헌법에서 자유의 침해를 그토록 쉽게 말하니 이는 충분히 예견된 일이다. 형법 제307조 제1항은 "공연히 사실을 적시하여 사람의 명예를 훼손한 자는 2년 이하의 징역이나 금고 또는 500만 원 이하의 벌금에 처한다"고 했고, 또 형법 제311조는 "공연히 사람을 모욕한 자는 1년 이하의 징역이나 금고 또는 200만 원 이하의 벌금에 처한다"고 했다. 어떤 사람이 공직자나 권력자의 잘못이나 약점을 드러내어 비판한다면 그것이 사실이라고 해도 최대 2년까지 징역을 살 수 있고, 개인 간의 사소한 말다툼 끝에 불쑥 튀어나온 욕까지도 모욕죄로 처벌될 수 있으니,[63] 여기에 권력이 개입되면 시민의 자유가 얼마나 억압될지는 뻔한 일이다. 최근 이십 년(2000~2020) 동안 명예훼손죄로 검찰에 접수된 사건 건수는 11,252건에서 163,288건으로 거의 15배 가까이 늘었다.[64] 명예훼

---

61   박경신, 『진실 유포죄 — 법학자 박경신 대한민국 표현의 자유 현주소를 말하다』, 다산초당, 2012, 219~220쪽.
62   위의 책, 97쪽.
63   박장희, 「모욕죄를 둘러싼 주요쟁점과 국내 판례에 대한 경험적 연구」, 서울대학교 박사논문, 2019, 7쪽.
64   한국형사법무정책연구원 홈페이지 수록 '범죄와 형사사법 정보통계'. 2023년 7월

손 사건이 왜 폭발적으로 증가했는지 분명치는 않지만, 관련 소송으로 인해 표현의 자유에 대한 억압이 강해진 것은 분명하다.

한국의 표현 자유 문제는 해외에서도 염려한다. 2015년 12월 유엔 인권위원회는 명예훼손을 형사범죄에서 제외할 것을 한국 정부에 권고하면서, 비판을 관용하는 문화를 장려해야 하며 민주주의를 실현하려면 이 점이 필수적이라고 했다.[65] 명예훼손으로 형사상 책임을 묻지 않는 것은 미국은 물론 영국, 프랑스도 마찬가지다. 근 육백 년 동안 명예훼손 형사처벌 제도를 유지해온 영국조차 오랜 논란 끝에 근년에 폐지를 결정했으며, 프랑스는 명예훼손에 벌금형만 가하고 있다.[66]

표현의 자유와 그로 인한 권리 침해의 문제를 다룰 때 그 상충적 관계를 좀더 냉철하게 살피고 명심할 필요가 있다. 안타깝게도 이 둘을 한 손에 쥘 길은 없다. 피해를 철저히 보호하려면 자유가 무너질 위험이 크고, 자유를 지키자면 개인의 피해가 생길 수밖에 없다. 인종차별 혐오발언이나[67] 온라인상의 악성 댓글은 사회나 개인에

13일 검색.

65　Human Rights Committee, "International Covenant on Civil and Political Rights(CCPR/C/KOR/CO/4)", 12.3.2015. Criminal defamation laws.

66　정태호, 「고소고발 남발하는 사회, 형벌권 오남용하는 국가」, 『민주』 10, 민주화운동기념사업회, 2014, 178쪽.

67　모로오카 야스코, 조승미, 이혜진 옮김, 『증오하는 입—혐오발언이란 무엇인가』, 오월의봄, 2015, 178~198쪽. 미국과 일본의 인종차별 혐오발언에 대해 논하면서 표현의 자유가 존중되어야 함에도 불구하고 '영혼의 살인' 등이 불러오는 심대한 해악을 생

큰 악영향을 끼치니 규제해야겠지만 이로 인해 발생할 자유 침해를 잘 살펴서 입법할 필요가 있다. 그러기 위해서는 자유 침해 조항은 구체적으로 적시되어야 한다. 제대로 준비하지 않고 있다가 사건이 터져서야 입법하면 자유 침해로 이어지는 법이 만들어지기 쉽다. 명예훼손으로 인해 피해자가 자살하는 사건이 생기고 이것이 크게 보도되어 규제를 강화하자는 여론이 높아진 다음에야 입법하면, 졸속 입법의 빈틈을 이용하여 권력자들이 자유를 침해하려들 것이다. 표현의 자유가 민주주의의 시작이자 최후의 보루라는 사실을 잊지 말고 자유가 침해되지 않도록 최선을 다해야 한다.

각할 때 법으로 규제해야 한다고 주장한다.

시민언론, 언론 개혁의 방향

표현의 자유가 제대로 보장되지 않는 대한민국에서 언론 개혁의 방향은 분명하다. 언론의 자유가 보장되도록 헌법을 개정하고 아울러 제도를 만들어가는 것이다. 이와 함께 중요하게 생각해야 할 점이 평등한 언론이다. 평등한 언론에 대해서는 헌법에서 선언적으로도 보이지 않는데 제대로 된 민주주의라면 꼭 필요한 요소다. 언론이 특정인이나 특정 집단에 독점되어서는 안 되고 시민이 민주적으로 지배하도록 해야 한다.

현재 한국의 언론 상황을 보면, 지배 권력에 쉽게 휘둘리는 공영언론이 있고, 재벌, 대기업 또는 족벌 언론에 의해 운영되거나 조종되는 거대 언론이 있으며, 시민들이 스스로 또는 약간의 후원을 받아 운영하는 시민언론이 있다. 정치 또는 경제 권력으로 언론 지형이 크게 기울어져 있고, 일반 시민의 목소리는 잘 들리지 않는다.

다행히 근년에 소셜네트워크서비스Social Network Services가 활발히 이용되면서 거대 언론과 시민언론의 불균형이 약간 줄었지만, 다른 한편으로 정치가 양극화하고 여론도 이에 따라 기울어져 균형 잡힌 언론을 찾기 어려워졌다. 이럴 때일수록 시민이 주체가 되어 운영하는 독립적 공영 언론기구가 더욱 절실하다.

민주주의에서는 언론에도 시민의 주도적 참여가 반드시 필요하다. 시민이 언론의 수용자가 아니라 주인이 되어야 한다. 그래야 언론이 정치권이나 거대 언론, 재벌에 휘둘리지 않고 시민의 편에 설 수 있다. 지금까지 상대적으로 진보 성향의 정권에서 독립적인 공영 언론기구의 설립과 정착을 위해 노력했으나 그 개혁이 성과를 거두지는 못했다. 언론 개혁 실패의 가장 큰 이유는 방향이 적절하지 않았기 때문이다. 시민에게 넘겨야 할 언론 개혁의 주체와 언론기구 운영의 주도권을 다른 데로 보냈던 것이다. 예를 들어 공영 언론기구의 기관장에게 임기를 부여하기도 했고, 2018년 한국방송공사KBS는 두 번의 사장 선임에 시민이 직접 참여하는 절차를 도입하기도 했다.[68] 그러나 이런 노력에도 불구하고 공영 언론이 권력의 영향권에서 자유롭지 못한 것은 진정으로 시민이 주도하는 언론을 만들지 않았기 때문이다. 사장 선임 방식과 임기에만 관심을 기울여 언론 개혁을 진행한 결과, 정치권력 등이 여러 방식으로 압력을

---

68 최선욱, 「공영방송의 정치적 독립을 위한 시민참여의 정당성」, 한국방송학회 2021년 봄철 정기학술대회 발표자료집. 이는 국제적으로도 매우 드문 사례라고 했다.

가하여 사장만 몰아내면 언론기구를 장악할 수 있었다. 냉정하게 보면 진보 정권조차 자기가 언론을 통제하려고 했기에 진정한 언론개혁을 이루지 못한 것 아닌가 한다.

언론 제도와 기구에 시민이 참여하는 방식은 다양하다. 독일의 경우를 보면, 주마다 방송사마다 다르긴 하지만, 대체로 공영방송의 운영위원회 격인 평의회 위원 수가 한국의 공영방송 이사회 위원의 수보다 훨씬 많을 뿐만 아니라, 참여 위원의 직업이나 계층도 훨씬 다양하다.[69] 무엇보다 언론 관련 전문가 외에 일반 시민의 참여 비율이 높다는 점이 특징적이다. 프랑스에서는 여기서 한 걸음 더 나아가 2021년 언론의 소유권을 시민 중심으로 만들기 위한 '정보의 민주화법'이 제안되었다.[70] 시민이 주인이 되는 언론사를 설립하도록 한 것이다.

언론에 시민의 참여를 높이려면 근본적으로는 시민언론기구의 설치가 필요하다. 방송통신위원회나 공영방송국을 공공 언론기구라 할 수 있으나 이는 권력으로부터 독립성을 갖추지 못했을 뿐만 아니라 무엇보다 운영의 주체가 시민이 아니다. 시민이 운영의 주체가 되지 못하니 언론이 독립성을 유지하지 못하고 정권이 바뀔

---

[69] 심영섭, 「독일 방송평의회 제도를 통해 본 한국 공영방송 지배구조의 재구조화」, 『문화와 정치』 5-3, 한양대학교 평화연구소, 2018.

[70] 진민정, 「프랑스의 언론소유권 재편을 위한 '정보의 민주화법' 제안… 향후 변화는?」, 『언론중재』 162, 언론중재위원회, 2022.

때마다 기구의 위상과 지향이 흔들렸다. 박성제 전 MBC 사장은 비교적 민주적 성향이 강한 문재인 정부 때도 '가짜 뉴스 처벌하기'에만 골몰하여 '언론중재법'을 만드느라 공영방송의 지배구조를 개혁하지 못했다고 안타까워했다. 박사장은 언론을 개혁하려면 언론인이 개혁의 주체가 되어야 한다고 주장했는데, 그러면서도 자신이 없었던지 중이 제 머리 못 깎는 법이라며 언론인 주도의 언론 개혁에 대해 회의적인 말을 남겼다.[71]

박사장 스스로도 회의적인, 언론인이 주도하는 언론 개혁이라는 해법은, 시민 주도로 바꾸어야 마땅하다. 언론의 주인은 언론인이 아니라 시민이다. 한국의 다른 분야 전문가들처럼 언론인도 자기가 자기 분야를 맡아서 결정해야 한다는 전문가주의에서 한 치도 벗어나지 못하고 있다. 결정은 시민에게 맡기고 전문가는 자문을 하고 조언을 하면 될 텐데, 아쉽게도 이런 발상의 전환을 이루지 못했다.

시민이 여론의 수용자가 아니라 여론의 평등한 생산자가 되도록 언론 관련 법과 제도를 정비해야 한다. 언론 관련 위원회와 공영언론사를 시민의 통제 아래 둬야 한다. 언론학계에서도 근년에 이런 논의가 일어나고 있다.[72] 시민언론기구의 기관장을 직접 시민이 선

---

71 박성제, 『MBC를 날리면—언론인 박성제가 기록한 공영방송 수난사』, 창비, 2023, 225쪽.
72 정영주, 홍종윤, 「공영방송 제도의 위기와 재정립—신제도주의 관점에서 바라본 공영방송으로서의 MBC」, 『언론정보연구』 55-1, 서울대학교 언론정보연구소, 2018, 278쪽.

출하고 시민 가운데 추첨이나 선거를 통하여 다양한 계층과 직군에서 많은 인원을 선발하여 운영위원회를 구성하면 어떤 권력도 쉽게 언론을 조종하지 못할 것이다. 시민에 의한, 시민을 위한, 시민의 언론기구가 시민 모두의 목소리를 전하는 날이 오기를 기다린다.

제2부

인류 최고의 발명품: 민주주의의 원류

민주주의의 다의성

우리는 왜 민주주의를 추구하는가? 간단히 말하면 시민을 가장 행복하게 할 정치체제이기 때문이다. 인간 삶의 질을 결정하는 데 정치만큼 중요한 요소는 없다. 물론 절대 빈곤의 상태라면 경제가 더욱 중요한 요소일 수 있다. 그러나 절대 빈곤을 넘어서면 경제 못지않게 정치가 중요하다. 정치가 바로 서지 않으면 경제도 잘되기 어렵고 설사 어느 정도 경제가 굴러간다 해도 그것이 개인의 행복을 보장하기 어렵다. 좋은 정치 없는 경제발전은 독재자나 특권층에게나 좋지, 시민 다수가 누릴 수 없기 때문이다.

정치학자 더글러스 러미스는 경제발전을 민주주의를 가로막는 폭력으로 보았다.[1] 경제발전을 부정하는 말이라기보다 경제발전을

---

1   C. 더글러스 러미스, 이승렬, 하승우 옮김, 『래디컬 데모크라시』, 한티재, 2024(원저는 1996), 176쪽.

평계로 정치를 희생시키는 경제지상주의 담론에 대한 비판이다. 대부분의 경제학자가 한국 경제의 최전성기로 꼽는 1987년과 1996년 사이의 십 년은 한국의 민주주의가 급격히 성장한 시기이기도 하다.[2] 또한 부정부패가 경제성장에 얼마나 큰 걸림돌인지는 여러 연구를 통해 입증된 바 있다.[3] 그러나 민주주의와 좋은 정치가 늘 경제발전을 가져온다고 말할 수는 없다. 좋은 공동체, 좋은 정치를 위해서라면 일시적으로 또는 일정 부분 경제적 손실을 감수해야 할 수도 있다. 민주주의를 위해서는 경제를 시장에 맡겨두는 애덤 스미스 식의 시장경제가 아니라, 동시기 이탈리아의 경제학자인 안토니오 제노베시[A. Genovesi]가 주장한 시민 모두의 행복을 지향하는 '시민경제'가 더 알맞을 수도 있다.[4] 소수의 권력자, 재력가, 엘리트, 전문가를 위한 공동체가 아니라, 시민을 위한 공동체라면 그에 맞는 정치와 경제가 필요하다. 좋은 정치와 경제 없이 좋은 공동체가 구성될 수 없고, 좋은 공동체가 아닌데 시민이 행복할 수 없다.

민주주의를 채택한 고대 아테네 때부터 시민의 행복이 정치의 주요한 목적이었다.[5] 그렇다면 민주주의만 하면 좋은 정치가 되고 시

---

2 임주영, 『경제신문이 말하지 않는 경제 이야기』, 민들레북, 2024, 174쪽.
3 위의 책, 141~142쪽에서는 2018년 국민권익위원회에서 서울대학교에 의뢰한 연구인 「부패와 경제성장의 상관관계 연구」와 중국 칭화대의 연구인 「부패가 유발하는 경제적 손실에 대한 추계」를 인용한다.
4 이래경, 『시민주권 시대의 정치경제론』, 다른백년, 2020에서는 진정한 민주주의를 위해 시민주권과 함께 시민경제가 필요함을 역설하였다.

민이 행복해질까? 시민을 행복하게 만드는 정치체제로서의 민주주의는 도대체 어떤 것일까? 민주주의를 최고의 정치체제로 믿는 사람들 중에는 민주주의가 곧 정치라고 말하는 사람도 있지만, 민주주의의 개념은 사실 명료하지도 통일되어 있지도 않다. 그래서 민주주의를 두고 한 정치학자는 공공의 영역에서 가장 문란한 단어일지도 모른다고 말했다.[6] 20세기 들어와 민주주의의 인기가 부쩍 높아지면서 민주주의의 의미 범주는 더욱 넓어졌다. 극단적인 예를 들면 1970년대 유신정권의 독재자 박정희는 자기가 구축한 정치체제를 '한국식 민주주의'라고 불렀고, 북한은 국호를 '조선민주주의인민공화국'으로, 영문으로는 'Democratic People's Republic of Korea'로 정했다. 북한은 세습적 독재체제로 세계에서 유명한데도 스스로는 다른 여러 공산국가와 마찬가지로 인민민주주의 국가를 표방한다. 이 밖에 신정일치를 주장하는 독재 이슬람 국가들 또한 자기네 정치체제를 이슬람 민주주의라고 말한다. 이들 나라는 밖에서는 독재라고 여길지라도 스스로는 민주주의라고 말하고 있으니, 민주주의의 개념은 이처럼 넓다.

민주주의는 원류를 찾아서 거슬러가면 고대 그리스를 만나게 된

---

5 대린 맥마흔은 『행복의 역사』(윤인숙 옮김, 살림출판사, 2008, 45쪽)에서 민주주의를 채택한 고대 아테네에서부터 비로소 개인이 자신의 행복을 추구하기 시작했다고 했다.
6 버나드 크릭, 이관후 옮김, 『정치를 옹호함』, 후마니타스, 2021(원저 1962), 93쪽.

다. 그 대표격인 고대 아테네의 민주주의는 현대의 전형적인 민주주의와는 기본 형식부터 다르다. 현대의 민주주의는 대개 대의민주주의인데, 고대 아테네는 직접민주주의라고 부른다.[7] 어디서 굴러온 새로운 민주주의가 원조 민주주의를 몰아내고 도리어 원래의 것을 직접민주주의라고 하며 민주주의와 다소 다른 것처럼 부르기 시작했다. 원래의 민주주의 개념에서 보면 현대의 대의민주주의는 민주주의라고 부르기도 어렵지만 개념은 그렇게 바뀌었다. 그런데 현대의 민주주의도 나라마다 제각각이어서 어떤 것을, 어디까지를 민주주의라고 불러야 할지 판단이 쉽지 않다. 선언적으로 인민의 뜻을 존중한다고 하면 모두 자기 체제를 민주주의라고 부르는 상황이다. 이런 복잡한 상황을 정리하기 위해 등장한 것이 쉐보르스키의 이른바 최소주의 개념의 민주주의다.

그러나 최소주의 민주주의는 어디까지나 민주주의의 하한선이지 민주주의의 이상형이 될 수 없다. 물론 그 하한선조차도 제대로 지키는 나라가 많지 않지만, 이상적인 민주주의를 지향한다면 시민의 지배라는 민주주의의 근본이 어떻게 구현되는지부터 살필 필요

---

[7] 버나드 마넹(곽준혁 옮김, 『선거는 민주적인가—현대 대의민주주의의 원칙에 대한 비판적 고찰』, 후마니타스, 2004, 17쪽)은 고대 아테네 민주주의의 대의제적 요소에 대해 말했다. 고대 그리스 역사 연구자인 최자영(「민주주의—누가 결정하는가」, 『나는 시민이다』, 아카넷, 2021, 119쪽)은 아테네가 직접민주주의를 했다고 해서 시민이 모든 사안을 직접 결정하지는 않았다면서 거기도 의회가 있고 관리가 있어서 시민을 대신하여 정치를 했다고 했다.

가 있다. 그렇다면 일반 시민의 행복을 최고로 끌어올려줄 수 있는, 시민의 지배가 관철되는 민주주의의 기본적인 형식은 무엇일까? 민주주의의 근본을 가지고 말하면 시민이 통치의 주인이 되어야 하나 모든 시민이 모든 일을 직접 맡아 통치하기란 현실적으로 힘들다. 그래서 고대 아테네에서는 통치자를 추첨으로 뽑아서 동료 시민과 번갈아가며 통치하는 체제를 취했다. 고대 아테네는 민주주의의 이상을 가장 잘 구현했지만 현실적으로 이는 제한된 도시국가에서나 가능한 일일 뿐만 아니라 그 자체로도 이런저런 문제가 있었다. 그래서 현대의 대다수 국가들은 많은 한계와 문제에도 불구하고 대의 민주주의를 채택했다. 완전한 민주주의란 세상 어디에도 없으며 고대 민주주의나 현대 민주주의나 시대에 맞는 제도일 뿐이다. 세상은 끊임없이 바뀌고 있으니 우리도 우리 시대에 맞는 민주주의를 찾아야 한다.

이세고리아와 이소노미아

　고대 아테네는 민주주의를 처음 만들고 정착시킨 곳이다. 민주주의 democracy, demokratia는 시민 demos과 지배 kratos가 합쳐진 말이다. 데모스를 민중, 인민 등으로,[8] 크라토스를 통치 등으로 번역하기도 한다. 사회적 다수인 시민이 권력을 잡고 지배하는 체제가 근본적 의미의 민주주의라 할 수 있다.[9]
　고대 아테네가 처음부터 민주주의 체제였던 건 아니었다. 왕정에

---

[8]　신철희, 「'민(demos)' 개념의 이중성과 민주주의(demokratia)의 기원」, 『한국정치연구』 22-2, 서울대학교 한국정치연구소, 2013, 205쪽. 데모스는 '전체 시민'과 '일반 평민'의 이중적 의미를 지니고 있다.

[9]　데모크라시는 동아시아 한자어권에서 민정(民政), 민본주의, 민주주의, 민주제, 민주정 등 여러 용어로 번역되었다. 송경호, 김현, 「근대적 기본개념으로서 '민주주의'의 개념사—19~20세기 일본에서의 번역어 성립과 사용의 일반화 과정을 중심으로」, 『한국정치학회보』, 한국정치학회, 2021. 한편 리퍼블릭을 '민주'라고도 번역했다(위의 글, 9~12쪽).

서 시작하여 귀족정을 경유하였다가 귀족과 시민이 권력 투쟁을 벌이는 과정에서 비합법적 독재권력이라 할 참주(僭主)가 등장하기도 했다. 그러다 기원전 6세기 솔론과 클레이스테네스의 개혁으로 민주주의의 기반이 마련되었으며, 페리클레스Pericles, 기원전 495~429년에 의해 안정적으로 제도화하였다. 페리클레스는 공직에 임명된 시민들에게 급여를 제공하는 법안을 통과시켜 가난한 사람들이 적극적으로 국정에 참가할 수 있게 했다. 그는 유명한 전몰장병 추도식 연설에서 다수의 이익을 위해 통치되는 아테네의 민주주의를 독창적이며 모범적인 것으로 자랑했다.[10] 특히 법 앞에서의 평등을 먼저 내세우는데, 이 법 앞에서의 평등은 현대 한국인들이 흔히 생각하는 것과 근본적으로 다르다. 오늘날에는 이 말을 흔히 재판에서 평등하게 대우받는다는 것이라고 생각하지만 아테네에서 법 앞의 평등은 시민의 평등한 재판 참여로 완성되었다. 왕정에서 임금이 최종 판결자인 것처럼 민주주의라면 시민이 판결자여야 한다. 고대 아테

---

10 투퀴디데스, 천병희 옮김, 『펠로폰네소스 전쟁사』, 숲, 2011, 168~169쪽. 박재욱, 「페리클레스 추도연설과 스파르타—체제와 삶의 방식을 둘러싼 경쟁」, 『서양사연구』 67, 한국서양사연구회, 2022, 1쪽에서는 이 추도연설의 해석에 주의가 필요함을 말한다. 섣불리 민주주의 또는 아테네 민주주의를 정당화하는 논리로 사용해서는 안 된다는 것이다. 추도연설이 스파르타와의 비교를 통해 아테네의 우위를 보여주려는 목적이 있음을 고려하고 해석해야 한다는 의미다. 『플루타크 영웅전』에 실린 페리클레스의 전기를 보면 그는 유능한 군인이었을 뿐만 아니라 민의를 잘 조종한 노회한 정치인이기도 했다. 투키디데스와 경쟁할 때는 민주주의를 버리고 귀족정으로 바꾸는 결정을 하기도 했다. 이런 점 등을 유념하며 읽어야 한다.

네는 법 앞의 평등이라는 민주주의의 이상이 가장 잘 구현된 공동체였다.

아테네에서는 재판관을 따로 임명 혹은 선출하지 않고 시민 중에서 재판관과 재판장을 추첨했다. 재판관 외의 다른 공직도 시민 중에서 추첨을 통해 선발했는데, 군사 안보나 재정 분야 등 생존과 직결되거나 전문 지식이 요구되는 자리에는 전문성이 높은 사람을 별도로 임명했다. 재판관이든 행정관이든 대개 추첨을 통해 선발하므로 원칙적으로 가난 등을 이유로 공직 임명에 시민이 차별을 받는 일은 없었다.

민주주의의 바탕에서 가장 중요하게 거론되는 부분은 평등이다. 특히 평등 중에서도 고대 아테네의 민주주의에서는 이세고리아라 불리는 모든 시민이 민회에서 누리는 동등한 발언권, 그리고 이소노미아라 불리는 법 앞의 평등을 중시했다. 이 둘은 고대 아테네 민주주의의 양대 축이라 말할 수 있다.[11] 이들 권리를 가지고 시민들은 민회와 평의회에 동등하게 참여했으며 또 재판관과 행정관으로

---

11   양태종, 「다시 생각하는 수사학의 탄생배경」, 『수사학』 11, 한국수사학회, 2009, 149~153쪽.; 김현철, 「이소노미아」, 『법철학연구』 21-1, 한국법철학회, 2018: 김경희, 「데모크라티아를 넘어 이소노미아로」, 『한국정치학회보』 40-5, 한국정치학회, 2006. 가라타니 고진(조영일 옮김, 『철학의 기원』, 도서출판b, 2015, 40쪽)은 한나 아렌트의 『혁명론』을 인용하며 이소노미아가 원래 무지배(no rule)를 의미하며 민주정과는 구별되는 것이었다고 한다. 또한 이소노미아가 소크라테스와 플라톤이 지향한 정치체제의 원형태라고 결론을 내린다(220~224쪽).

복무했다.[12]

　고대 아테네 민주주의의 실상을 좀더 구체적으로 그려보면 다음과 같다. 민회는 아테네 전체 시민이 참여하는 최고 의결 기구로, 20세 이상 남자 시민이라면 누구나 참여할 수 있었으며, 일 년에 사십 회 이상 모였고, 정족수는 육천 명이었다. 민주주의 전성기 아테네의 인구는 성인 남성 시민 오만 명, 자유 원주민 이십만 명, 노예와 외국인을 합쳐 삼십만 명 정도였다고 한다.[13] 민회는 참여 인원이 많아서 자주 모이기 불편했기에 오백 명 규모의 평의회를 두어 민회에 올릴 안건을 정하고 또 민회에서 결정한 것을 실행에 옮기도록 했다. 평의회 의원은 추첨으로 선발했고 단임을 원칙으로 하며 급료를 지급했다. 또한 시민 법정은 각 부족에서 추첨을 통해 선발된 육천 명의 재판관 후보 가운데 다시 추첨하여 재판관과 재판장을 구성했다. 재판단은 규모가 작지 않아서 이백 명에서 이천오백 명에 이르렀다. 소크라테스에게 사형을 선고한 재판단도 501명의 재판관을 갖춘 대규모였다.[14] 행정관으로 공직에 진출하는 것 역

12　정주환, 「그리스 민주정치와 선거제도―아테네 민주주의의 형성과 추첨제를 중심으로」, 『법학논총』 40-1, 단국대학교 법학연구소, 2016 참조.
13　앨런 라이언, 앞의 책, 32쪽. 박상준, 『역사와 함께 읽는 민주주의』, 한울, 2020, 42쪽에서는 기원전 5세기 중반 민주주의 전성기의 아테네는 20세 이상 남성 시민이 사만 오천 명, 노예는 십이만 명 정도라고 했다. 아테네에는 시민과 별도로 자유민이 있었으니 온전한 시민권을 지니지 않았으되 노예도 아닌 사람들이다. 최자영, 「고대 아테네 사회신분의 불명확성 및 중첩성」, 『서양고대사연구』 10, 한국서양고대역사문화학회, 2003, 8쪽.

시 추첨에 의지했는데 대략 칠백 개의 공직 가운데 육백 개 정도를 추첨으로 선출했으며 일 년 임기의 단임이었다.[15]

아리스토텔레스는 민주주의의 토대에 모두가 번갈아가면서 지배를 하고 지배를 받는 원칙이 있다고 했다. 누구나 지배자가 될 수도, 지배를 받을 수도 있는, 이런 체제를 유지하는 핵심 제도는 추첨제와 임기제다.[16] 추첨제는 단연 고대 아테네 민주주의의 정수다. 입법, 사법, 행정의 전 분야를 추첨에 의해 선발된 시민으로 운영하였다. 여기에다 일 년의 짧은 임기제는 누구나 지배하고 지배받는 평등의 통치 구조를 완성했다.

물론 아테네 민주주의의 이상이 현실에서 온전히 구현되지는 않

---

14 고대 아테네 민주주의에서 재판이 차지하는 위상에 대해서는 버나드 마넹, 앞의 책, 35~42쪽에 잘 요약되어 있다. 헬리아스타이(heliastai)로 불리는 재판관 후보관은 그때그때 시민법정을 구성하여 재판에 참여했는데, 이는 통치의 중요한 요소였을 뿐만 아니라 하나의 진정한 정치적 권위로 여겨졌다. 고대 아테네 재판 절차에 대한 1차 자료로 우선 아리스토텔레스의 「아테네 정치제도사」를 꼽을 수 있다. 아리스토텔레스, 크세노폰 외, 최자영, 최혜영 옮김, 『고대 그리스정치사 자료—아테네, 스파르타, 테바이 정치제도』, 신서원, 2003, 109~114쪽.
15 고대 아테네의 민주주의가 실제로 어떻게 작동했는지는 『플루타크 영웅전』에 실린 솔론의 전기에 잘 드러난다. 솔론은 아테네의 민주주의 법제를 정착시킨 사람으로 유명하다. 한 예를 들면 시민을 재산 정도에 따라 4등급으로 나누어 최하위에는 공직은 허용하지 않고 재판관 자격만 주었는데, 처음에는 이 재판관 자격이 별것 아니었지만, 나중에는 엄청난 특권이 되었다고 한다. 후에 누가 솔론에게 당신은 아테네인을 위해 최선의 법을 만들었느냐 묻자 그는 아테네인이 받아들일 만한 최선의 법을 만들었다고 대답했다고 한다(79~80쪽).
16 아리스토텔레스, 천병희 옮김, 『정치학』, 숲, 2009, 335쪽.

았다. 모든 시민이 동등한 발언의 기회를 가지고 있었지만, 현실에서는 민회에서 연설하는 건 소수였고, 대다수는 그저 연설을 듣고 투표만 했다. 또 행정관을 추첨으로 선출할 때도 모든 시민이 아니라 후보로 지원한 사람의 이름만 추첨 기계에 들어갔다.[17] 이런 현실적 문제 외에도 아테네 민주주의에는 치명적인 한계가 있었다. 인구의 상당 부분을 차지하는 노예, 여성, 외국인, 미성년자 등을 제외한 성인 남성 시민으로만 한정한 민주주의라는 사실이다. 그렇긴 하나 재산이나 학식과 상관없이 시민이라면 누구나 같은 권리를 지니게 했다는 것만으로도, 이천오백 년 전 고대에 이런 체제를 갖췄다는 게 놀랍다. 당시는 물론이고 근대에 이르기까지 이처럼 다수의 시민이 돌아가며 통치하는 사회는 세계 어디에서도 나타나지 않았다.

존 베리는 고전적 저작 『사상의 자유의 역사』에서 우리가 고대 그리스인에게 진 빚이 무엇인지 생각해보라고 하면 그들의 문학과 예술부터 떠올리겠지만 정말 감사해야 할 부분은 그들이 사상과 토론의 자유를 창시했다는 점이라고 말했다.[18] 고대 그리스의 민주주의가 얼마나 중요한 인류의 유산인지 강조한 말이다. 스티븐 스미스는 『정치철학』에서 소크라테스가 70세가 되도록 자유롭게 철학을

---

17 버나드 마넹, 앞의 책, 32쪽 및 28쪽.
18 존 B. 베리, 박홍규 옮김, 『사상의 자유의 역사』, 바오출판사, 2005(원저 1914), 19쪽.

할 수 있었던 것도 다 민주주의 덕분이라고 하면서, 스파르타나 다른 고대의 도시국가였으면 용납되지 않았을 것이라고 말했다.[19] 소크라테스, 플라톤, 아리스토텔레스 모두 민주주의를 비판했지만 자유롭게 의견을 개진할 수 있는 민주주의가 없었으면 그들의 위대한 사상은 나오지 못했을 것이다. 민주주의는 인류 최고의 발명품이다.

---

19 스티븐 스미스, 오숙은 옮김, 『정치철학』, 문학동네, 2018, 124쪽.

혼란과 파국, 민주주의 비판

　고대 아테네의 민주주의가 누구에게나 자부심과 찬탄의 대상은 아니었다. 당대부터 이미 찬탄 이상으로 강한 비판을 받았다. 소크라테스는 물론 그의 제자 플라톤, 그리고 플라톤의 제자 아리스토텔레스까지 최고의 철학자들이 모두 비판에 가세했다. 플라톤은 『법률』에서 정치체제의 근원에는 두 유형이 있는데 하나는 전제정이고 다른 하나는 민주정이라고 말하면서 양극단의 이들 정체는 모두 문제가 있다고 했다.[20] 『국가』에서 제시한 철인 지배는 양극단 체제의 대안인 셈이다. 플라톤이 민주주의에 대해 비판적 입장을 가진 건 그의 스승 소크라테스가 아테네의 시민 법정에서 사형 선고를 받았으니 충분히 이해할 수 있으나, 민주주의에 대해 어떤 사

20　플라톤, 박종현 옮김, 『법률』, 서광사, 2009, 265쪽.

적인 불만을 가졌을 것으로 생각하기 어려운 아리스토텔레스 역시 마찬가지 견해였다. 아리스토텔레스는 『정치학』에서 왕정이 왜곡된 것이 참주정이고, 귀족정이 왜곡된 것이 과두정이며, 혼합정이 왜곡된 것이 민주정이라고 말했다. 그러면서 참주정은 독재자의 이익을, 과두정은 부자의 이익을, 민주정은 빈민의 이익을 추구한다면서, 그 어느 정체도 시민 전체의 이익을 추구하지 않는다고 했다. 민주주의라는 말의 앞머리에 있는 '데모스'라는 말에 '빈자'라는 의미도 있다고 하니,[21] 아리스토텔레스는 이런 의미에서 민주주의를 보았다고 할 수 있다. 그는 민주주의를 최선이 될 수 없는 결함이 많은 정치체제로 생각했으며, 과두정과 민주정을 혼합한 공화정처럼 소수 지배와 다수 지배를 결합한 정치체제인 혼합정체를 상대적으로 나은 정치체제로 보았다.

이들 저명 철학자 외에 로마의 역사를 편찬한 그리스 역사가 폴리비오스기원전 203~120년 추정는 민주주의를 항해에 빗대어 비판했다.[22] 항해를 할 때 선원들이 각자 자기주장을 하면서 선장을 압박하면 혼란이 일어나며, 이러한 파국은 긴박한 상황에서만이 아니라 어처구니없게도 평시에도 일어난다고 했다. 이러니 민주주의를 이상적인 정치체제로 논할 수 없다는 것이다. 민주주의는 관념으로는

---

21 아리스토텔레스, 『정치학』, 152쪽. 신철희, 앞의 글, 206쪽.
22 윤진 옮김, 「폴리비오스, 역사 제6권」, 『서양고대사연구』 55, 한국서양고대역사문화학회, 2019, 249쪽.

이상적일 수 있으나 현실에서는 많은 문제가 나타난다는 것이다. 문제는 민주주의를 버리고 어디로 갈 것인가다.

현대 민주주의 연구의 고전으로 꼽히는 로버트 달의 『민주주의와 그 비판자들』은 민주주의 비판의 역사가 얼마나 오래되었으며 또 그 비판이 얼마나 다채로운지 보여준다. 민주주의 비판자들은, 다수 민중의 지배로 인해 건전한 소수의 의견이 무시되기 쉽다고도 하고 일반 시민이 지배함으로써 전문성이 결여된다고도 한다. 비판자 중에 플라톤 같은 사람은 민주주의가 본질적으로 바람직하지 않다고 말하며, 미헬스Robert Michels 같은 사람은 본질적으로는 바람직하지만 이상적인 민주주의는 실현 불가능하다고 비판하기도 한다.[23] 물론 건전한 비판자들이 내세우는 민주주의의 대안이 전제정이나 과두정은 아니다. 플라톤처럼 실현 가능성이 없다고 해도 좋을 철인 통치일 수도 있고 아리스토텔레스처럼 공화정과 유사한 혼합정체일 수도 있다.

이런 상황이라 고대 아테네의 직접민주주의는 현실에서 확장성을 지니기 어려웠고 근대에 들어와서도 찬양보다는 비판의 대상이었다. 심지어 부르주아 시민혁명의 깃발을 높이 들었던 프랑스에서도, 또 새로 자유롭고 평등한 독립국가를 만들고자 한 미국에서도, 직접민주주의가 채택되지 않았다. 미국의 독립과 건국을 주도한 연

---

23 로버트 달, 앞의 책, 25쪽.

방주의자들은 민주주의가 아니라 공화정을 지지했다. 이렇듯 부정적인 측면이 강조되어온 민주주의는 20세기에 들어서야 비로소 각광받게 되었다. 왕정, 독재, 전제정과 대립되는 의미로 시민이 지배자이자 주인이라는 민주주의의 이상이 높이 받들어진 것이다.

옹달샘 2.
아리스토파네스의 「기사」에 나타난 아테네 민주주의의 풍자적 실상

　문학은 그 무엇보다도 한 사회의 모습을 잘 보여준다. 고대 아테네 민주주의 역시 문학 특히 희극에서 그 실상을 잘 드러내고 있다. 그중에서도 아리스토파네스의 희극 「기사」를 대표적 작품으로 꼽을 만하다. 희극은 장르적 속성상 비판과 풍자가 중심이 될 수밖에 없는데 이 작품에서 비판 대상은 정치다. 고대 아테네는 정치체제가 민주정이어서 비판할 부분이 없을 것 같지만, 시민을 선동하는 정치인과 어리석은 시민이 비판의 대상이 된다.
　작품은 데모스 집의 하인인 데모스테네스와 니키아스가 등장하면서 시작된다. 데모스는 곧 시민이니, 데모스 집 하인이 주인에게 환심을 사려는 내용은 시민의 지지를 얻어 권력을 장악하려는 정치인에 대한 우화라 할 수 있다. 당대의 최고 권력자는 클레온이었다. 클레온은 작품 창작 직전 해인 기원전 425년에 있었던 스파르타와의 전쟁에서 거둔 승리로 자신의 정치권력을 더욱 공고히 다졌다. 처음 소개된 데모스 집의 두 하인은 이 전쟁에서 클레온에게 공을 빼앗긴 장군들이다. 클레온은 그의 출신지를 따라 파플라고니아인으로 불렸으나 이들 장군은 실명을 그대로 사용하였다. 「기사」는 결국 당대 최고 권력자인 클레온을 비판한 작품이다.

데모스테네스와 니키아스는 신탁을 듣고 클레온이 소시지 장수에 의해 실권할 것을 알았다. 그들은 소시지 장수를 찾아 나서는데 길에서 어떤 소시지 장수를 만나 신탁 내용을 말하고는 파플라고니아인과 싸우도록 격려했고 주변의 기사들 또한 소시지 장수를 지지했다. 파플라고니아인과 소시지 장수는 민회 안팎에서 주인인 데모스에게 잘 보이도록 감언이설을 다하나 결국 더 뻔뻔한 소시지 장수가 파플라고니아인을 꺾고 권력을 잡았다.

이 작품은 민주주의의 주인인 시민이 자칫하면 능란한 술수를 지닌 정치인에게 휘둘릴 수 있음을 보여준다. 데모스테네스는 자기 주인인 시민을 촌스럽고, 우악스럽고, 병적으로 콩을 좋아하고, 성마르고, 투정 잘 부리는 귀머거리 노인이라고 표현했다. 무식하고 고집스러우며 탐욕에 눈이 먼, 불평만 가득한 시민의 부정적 속성을 잘 드러낸 표현이다. 시민의 약점을 잘 아는 클레온은 다른 정치인을 무고하기도 하고 때리기도 하면서 자기 권력을 굳혔다. 데모스테네스는 원래 정치라는 건 교양과 자질을 갖춘 자가 아니라 무식하고 파렴치한 자가 하는 법이라고 했다. 민주주의가 뻔뻔한 거짓말쟁이에 의해 쉽게 흔들릴 수 있음을 지적한 것이다. 작품에서도 클레온과 소시지 장수는 자신이 줄 수 없는 것도 줄 수 있는 양 꾸미며 권력을 얻기 위해 시민을 선동하며 다투었다.

「기사」는 시민과 정치인의 부정적 측면을 부각하여 민주주의를 비판하는 듯하지만 깊이 들여다보면 민주주의 체제의 우월성을 바탕에 깔고 있다. 아리스토파네스는 작품 내의 코러스와 데모스가 나누는 대화에서 시민이 어수룩해 보이기도 하지만 실은 권력자를 이용하고 심판하는 주인이라고 시민의 현명함을 찬양했다.[24] 술수에 능한 정치인들이 한때 시민을 속여넘기는 것처럼 보여도 결국 시민은 그들의 잔꾀를 알아차리고 그들을 심판하여 그들이 훔쳐간 것을 모두 빼앗는다고 했다.

아리스토파네스는 이 작품 외에도 「구름」「벌」「여인들의 민회」 등의 작품에서 민주주의의 실상을 우의적으로 보여주었다. 「구름」에서는 소피스트인 소크라테스를 비판하면서 소피스트에 의해 왜곡되는 민주주의 재판의 실상을 풍자했고, 「벌」에서는 시민의 법정을 사람들을 쏘아대는 벌떼에 비유하여 문제점을 지적하기도 했으며, 「여인들의 민회」에서는 아테네의 정치권력을 여성에게 넘기는 것으로 상황을 설정하면서 민회의 의사결정 과정을 보여주었다. 아리스토파네스는 민주주의 체제가 아니라면 도저히 나올 수 없을 내

---

24 아리스토파네스, 천병희 옮김, 『아리스토파네스 희극 전집 1』, 숲, 2010, 162~164쪽.

용을 문학으로 남겼다.

레스 푸블리카, 대안으로서의 공화정

고대 아테네 민주주의의 현실적 대안으로 오랜 세월 가장 유력하게 제시된 것이 공화정이다. 공화정은 민주주의와 함께 현대 국가들이 앞세우는 정치체제로, 근대 이후 시민혁명을 겪은 프랑스와 미국에서, 그리고 현대에는 한국을 비롯한 대부분의 국가에서 실질적으로 채택하고 있다. 고대 아테네 민주주의의 이상을 염두에 두면서도 현실적으로는 공화정을 채용했던 것이다. 대한민국도 헌법 제1장에서 "민주공화국"으로 국가의 정치체제를 규정하고 있으며, 공식 영문 국호는 한술 더 떠서 아예 "Republic of Korea"다. 대한민국을 흔히 민주주의 국가라고 말하지만 근본적으로는 공화국이다. 그렇다면 공화국이란 무엇이며 민주주의와는 무엇이 다를까?

공화정은 로마에 의해 널리 알려졌으나, 그 원형은 이미 고대 그리스에서부터 있었다. 플라톤, 아리스토텔레스 외에 많은 그리스학자들이 이미 혼합정체 등의 이름으로, 이상적인 정치체제로 받아들인 것이다. 고대 그리스에서 혼합정체의 대표적 모델은 아테네와 대립하며 전쟁을 거듭하다가 결국 아테네에 승리를 거둔 스파르타다. 스파르타의 혼합정체는 기원전 7세기경의 인물로 알려진 전설적 입법자 리쿠르고스가 만들었다고 전한다. 스파르타의 혼합정체에는 두 명의 군주가 있고, 귀족들로 이루어진 원로원이 있으며, 또한 시민들의 집행기구인 민회가 있어서 여기서 다섯 명의 행정관을 선출했다. 로마의 공화정 역시 비슷한 체제였는데 통상 두 명의 집정관과 함께 스파르타와 마찬가지로 원로원과 민회를 갖추었다.[25]

공화정은 라틴어로는 레스 푸블리카 res publica라 하는데 이는 '인민적인 것' 또는 '공공적인 것'을 뜻한다. 푸블리카가 어원적으로 인민 populus, people에서 파생된 형용사니, 공화정은 나라가 어떤 특정 집단의 것이 아니라 인민 모두의 것임을 뜻한다. 이렇게 '인민의 지배'라는 뜻을 가진 민주주의나 '인민의 것'이라는 뜻의 공화정은 어원으로나 근본으로나 상통하는 부분이 있다. 민주주의나 공화정이나 시민과 시민 사이에 주인과 노예 사이에 존재하는 의존 관계가 없어야 한다고 믿는다는 점에서 근본 사상이 통한다.[26] 다만 민주주의는 인민의 직접 지배를 뜻하며 공화정은 인민이 직접 지배하지

---

25   허승일, 『로마사―공화국의 시민과 민생정치』, 나녹, 2019, 41~46쪽. 폴리비오스는 『역사』에서 스파르타는 머릿속으로 이런 정체를 구상한 반면 로마인은 많은 투쟁과 곤경을 겪고 이런 체제에 이르렀다고 했다(C. 더글러스 러미스, 앞의 책, 290쪽).

않아도 인민을 위한 정치체제라면 그렇게 부를 수 있다는 점에서 차이가 있다.

공화정의 개념을 널리 알린 키케로^{Cicero, 기원전 106~43년}는 그의 『국가론^{De re publica}』에서 책의 주 화자인 로마 공화국의 정치가 스키피오의 입을 통해 공화국에 대해 국가는 인민의 것이고, 인민은 합의된 법에 의해 공익을 나누는 집단이라고 정의했다.[27] 키케로의 공화정 모델은 폴리비오스의 『역사』에 상술되어 있는데, 폴리비오스는 로마의 공화정에 대해 권력 각 부분이 서로 견제하고 협력하면서 모든 비상 상황에 잘 대처할 수 있다면서 이보다 더 나은 정치체제를 찾을 수는 없을 것이라고 극찬했다.[28] 간단히 말하면 공화정은 궁극적으로는 인민을 위한 체제로, 각기 다른 계급을 대변하는 권력기관이 서로 견제하면서 법에 따라 통치하는 체제다.

민주주의 아테네와 비교하면 공화국 로마에서는 시민의 실질적인 정치 참여가 상당히 약화하였다. 모든 성인 남성 시민이 참정권을 가지고 있었지만, 실질적으로는 부자들이 국정의 중심을 장악한 금권정치 국가였다.[29] 그러나 당대에는 시민이 이 정도 권리만 가져도 충분히 시민의 지지를 얻을 수 있었다. 로마를 대표하는 대규

---

26 로버트 달, 앞의 책, 63쪽.
27 키케로, 김창성 옮김, 『국가론』, 한길사, 2007, 209쪽.
28 윤진 역주, 앞의 글, 221쪽.
29 크리스토퍼 켈리, 이지은 옮김, 『로마제국』, 교유서가, 2015(원저 2006), 18~19쪽.

모 공공시설인 도로, 수로, 목욕탕 등은 시민에 봉사하는 정치를 상징적으로 보여준다. 당시 최강 군단을 가졌던 카르타고의 한니발은 무력으로는 로마를 꺾었지만 끝내 굴복시키지는 못했다. 로마의 패색이 뚜렷한데도 로마와 그 주변이 모두 로마를 위해 합심해 한마음으로 싸웠던 것이다. 이것이 로마를 일으키고 지킨 힘이었다.

로마 공화국의 이상은 독재관이 등장하고 이어 황제가 나타나 군주정으로 바뀌면서 무너지고 말았다. 그러나 공화의 정신은 후대로 이어져 중세 유럽에서 피렌체, 제노바 등 중북부 이탈리아를 중심으로 여기저기서 다양한 방식으로 실현되었다. 그 많은 공화국 중에 대표적인 곳 하나를 꼽으라면 단연 베네치아를 들 수 있으니, 베네치아는 18세기 말 나폴레옹에게 멸망하기까지 천 년을 이어온 공화국이었다.

베네치아는 공화국이라고 하지만 실질적으로는 귀족정 혹은 과두정에 가까웠다. 귀족적 시민만이 정치에 참여할 수 있었고 그들은 전체 인구의 6~7퍼센트에 불과했다.[30] 이천 명이 넘는 대인원의 대의원회가 고대 아테네의 민회 역할을 했고, 때에 따라 수십 명에서 수백 명에 이르는 인원으로 구성된 원로원이 평의회의 역할을 맡았다. 실질적 행정은 여섯 명의 도제(doge, 총독) 자문위원과 40인위원회의 세 명의 대표가 책임을 졌는데, 베네치아의 최고 지배자인

---

30 남종국, 『중세 해상제국 베네치아』, 이화여자대학교출판문화원, 2020, 108쪽.

도제는 종신직이지만 세습되지 않았고 오백 명이 넘는 시민 중에서 추첨과 선거를 섞어 선출했다. 고대 민주주의의 주요 선출 제도인 추첨제를 채택했을 뿐만 아니라 여러 기구와 부문이 상호 견제하는 장치를 두어 권력이 한 사람이나 한 집단에 독점되지 않도록 했다. 이로써 베네치아는 전제정이나 과두정과는 구별이 되는, 상대적으로 강한 시민 내부의 동의와 힘을 갖춘 공화정을 만들 수 있었다. 이것이 천 년 베네치아 공화국의 저력이었다.

대의제와 대표의 허구

 로버트 달은 근대 이후에 생겨난 대의민주주의[31]의 근원으로 민주주의와 공화정 그리고 대의정부 세 가지를 꼽았다. 그런데 대의라는 말은 근본적으로 민주주의와 대립적일 수 있다. 시민 자신이 통치의 주체가 되어야 민주주의라고 말할 수 있을 텐데, 누군가에게 통치를 위임한다면 진정한 민주주의라고 말할 수 없기 때문이다. 고대 아테네는 추첨으로 대표자를 뽑았기에 시민들에게 통치의 기회가 공평하게 열려 있었지만 대의민주주의는 선거제를 채택하여 시민의 정치 참여 가능성을 심각히 제한했다. 대표자를 선발하는 방식에 따라서 민주주의가 심각하게 제한될 수 있는 것이다. 그

---

31 이관후, 「왜 '대의민주주의'가 되었는가? ─용례의 기원과 함의」, 『한국정치연구』 25-2, 2016, 5~6쪽에서는 'representative democracy'가 왜 '대표민주주의'가 아니라 '대의민주주의'로 번역되었는지 개념사적으로 설명했다.

러나 민주주의는 물론 공화정도 큰 나라에서는 온전히 행하기 어려우니, 근대의 대규모 민족국가에서 대의정부의 출현은 부득이한 일이었다.[32]

고대에도 로마는 이미 공화정의 민주주의적 요소라 할 민회를 명실이 상부하도록 운영하기에는 너무도 큰 나라였다. 그래서 민회가 실질적으로는 대의체가 되었으나, 그렇다고 본격적으로 대의제를 채택하지도 않았다. 로마는 어떻게 하면 시민들을 실제 정치에 참여시킬까 하는 문제에 관심이 없었다. 이런 상황은 17세기까지 지속되었는데, 대의제는 그 성격에서 짐작할 수 있듯이 민주주의자에 의해 발명된 것이 아니라 중세의 군주정 또는 귀족정에서 비롯되었다.[33]

대의제를 대표하는 기구인 의회는 아이슬란드 등 북부 유럽 각지에서 처음 설치되었는데,[34] 구체적으로 영국의 경우를 보면, 에드워드 1세가 1295년 정책에 대해 신민들의 동의를 얻기 위해 모범의회 Model Parliament를 소집했다.[35] 그런데 그는 이전의 대회의처럼 대제

---

32   로버트 달, 앞의 책, 62~68쪽.
33   위의 책, 70~71쪽. 대의제의 기반 제도라 할 선거제가 가진 귀족정적 요소에 대해서는 버나드 마넹, 앞의 책, '4장 민주주의적 귀족정' 참조.
34   현재까지 이어진 세계에서 가장 오래된 의회는 930년 아이슬란드, 현재의 싱벨리어 국립공원 자리에 세워졌다고 한다. 엘렌 랜드모어, 앞의 책, 309쪽.
35   영국에서는 이미 1215년에 마그나 카르타(Magna Carta) 곧 대헌장이 선포되었으니, 이는 귀족이 국왕의 명령을 공식적으로 거부한 첫 사례였다. 이로써 국법 위에 있었던 왕이 국법 아래로 내려왔다. 왕이 법 아래로 내려왔기에 신민들의 동의가 필요했

후만 부른 게 아니라 각 주에서 두 명의 귀족, 중요 도시에서 두 명의 시민, 그리고 하급 성직자들의 대표들을 초대했다. 그리고 에드워드 3세 재위 1327~1377년에 이르러서는 의회를 상하 양원으로 분리했다. 의회에 시민들까지 들어온 것은 시민들이 요구해서가 아니라 왕권을 강화하려던 국왕의 의지에서 비롯된 것이었으니, 중세 말까지도 의회는 국왕이 주도했다. 이런 의회는 프랑스, 독일, 스페인 등에서 연이어 생겨났다.[36]

대의제는 18세기에 이르러 몽테스키외 등에 의해 널리 알려졌으며, 19세기 존 스튜어트 밀의 『대의정부론』에서 대의정부를 가장 이상적인 정부 형태로 본 이후 대의제에 바탕을 둔 민주주의는 논쟁의 여지 없이 현실이 되었다.[37] 이로부터 추첨제가 아니라 선거를 통한 대의제가 민주주의를 대표하게 되었다. 그러나 대의제의 중요성을 강조한 밀조차도 민주주의에서 시민의 직접적 참여가 무엇보다 소중하다고 말했음을 명심할 필요가 있다. 현실적으로 작은 마을 규모를 넘어서는 곳에서는 직접민주주의를 적용하기 힘드니 부득이 대의제를 취한다는 것이다.

대의정부를 가장 이상적인 정치 형태라고 주장한 밀조차도 대의

고 그래서 의회가 만들어질 수 있었다. 앙드레 모루아, 신용석 옮김, 『영국사』, 김영사, 2013, 164~167쪽. 영국 의회의 역사에 대한 간략한 서술은 박지향, 『클래식 영국사』, 김영사, 2012, 100~107쪽 참조.
36 박흥식, 『중세와 그리스도교』, 홍성사, 2024, 458~460쪽.
37 존 스튜어트 밀, 서병훈 옮김, 『대의정부론』, 아카넷, 2012(원저 1861), 74쪽.

제를 민주주의의 현실적 대안 정도로 여겼다는 사실을 고려하면, 대의제를 민주주의 그 자체인 것처럼 여기는 적지 않은 현대인들의 생각이 얼마나 잘못됐는지 알 수 있다. 밀에게 대의제는 민주주의의 부득이한 대체물이었으나 현대인에게 민주주의의 꽃이 되었다. 선거를 통한 대의제는 이미 오래전부터 큰 한계를 지닌 민주주의적 제도로 인식되었다. 18세기 유럽에서 가장 자유로운 국가로 손꼽히던 영국의 민주주의에 대해 루소는 영국인들은 스스로 자유롭다고 생각하지만 자유는 선거 시기에만 주어질 뿐이고 선거가 끝나면 다시 노예가 된다고 말했다.[38] 선거로 선출된 사람에 의해 통치되는 대의제가 인민의 뜻을 대리하고 대표한다는 것이 허구임을 밝힌 이론은 이 밖에도 적지 않다.[39] 실제로 선거로 뽑은 국회의원이나 대통령이 국민의 뜻을 얼마나 반영하고 있는지를 따져보면 '대표의 허구'가 어떤 것인지 짐작할 수 있다.

현대 민주주의에서 어쩔 수 없이 대의제를 중요한 형식으로 채택하더라도 대의제의 한계를 명심하고 민주주의의 근본을 잊어서는 안 된다. 민주주의의 이상을 위하여 노력하면서 그 부족함을 채우는 방법으로 대의제를 생각해야지 대의제를 해놓고 민주주의를 다 한 것처럼 여겨서는 안 된다는 말이다. 민주주의의 보완책으로 입

---

[38] 루소, 『사회계약론』, 117~118쪽.
[39] 홍철기, 「'대표의 허구'에 관한 연구—토마스 홉스, 칼 슈미트, 한스 켈젠에게 있어서의 대리와 현시의 대표 이론」, 서울대학교 정치학과 박사논문, 2016, 122쪽.

헌민주주의, 참여민주주의, 숙의민주주의 등이 계속해서 거론되지만, 이들 또한 민주주의의 본질을 놓치면 아무런 의미도 없다. 헌법을 만들었다고 해서 입헌민주주의가 되는 것이 아니니, 그 헌법을 실질적으로 시민이 주도하여 만들지 않았다면 입헌이라는 말은 어울리지 않는다. 또한 공청회에 시민들을 들러리로 참여시켜놓고 참여를 말하는 것도 적절치 않다. 민주주의의 병폐를 고칠 수 있는 대안으로 숙의민주주의를 주장하는 학자들이 적지 않으나, 그 대부분은 공론 조사나 국민청원 등 실권 없는 시민의 숙의 절차 참여다.[40] 아무 결정력 없는 숙의 절차 하나를 추가했다고 해서 더 나은 민주주의가 되었다고 보기 어렵다. 우리는 우리의 민주주의에 무엇이 부족한지 늘 근본으로부터 물어야 한다.

---

40 조대엽 외, 『한국 민주주의의 새 길—직접민주주의와 숙의의 제도화』, 경인문화사, 2022. 이는 문재인 정부 정책기획위원회 위원들의 의견을 모은 책인데, 여기서는 직접민주주의의 신장을 염두에 두긴 하나 시민에게 실질적 권한을 주는 방안에 대한 진지한 모색은 보이지 않는다.

제3부

우리는 과연 평등한가:
한국 민주주의의 기초와 역사

소크라테스냐 프로타고라스냐

　현재 한국은 민주주의의 이상에 크게 미치지 못하는 법과 제도를 가지고 있다. 절대적으로 그럴 뿐만 아니라 다른 민주주의 국가와 비교해도 그렇다. 심각한 문제를 지닌 핵심 법률 몇 가지를 고치면 민주주의에 근접할 것 같지만, 입법도 간단치 않은 일이거니와 고친다 해도 그것으로 끝이 아니다. 민주주의의 역사를 돌아볼 때 민주주의의 실현에 종점은 없다. 이상적 민주주의에 근접했다 여기는 순간 어느새 독재로 떨어지는 일이 드물지 않다. 단단한 반석 위에 튼튼히 서 있는 민주주의를 만들자면, 민주주의의 근본과 토양을 잘 알고 준비할 필요가 있다.

　민주주의는 어떤 기반 위에서 출발할까? 민주주의가 다른 정치 체제와 다른 점은, 누구나 지배자가 되고 피지배자가 된다는 것이다. 다시 말해서 사람 사이에 근본적인 격차가 존재한다고 보면 민주주의는 시작될 수 없다. 서로 성격이 다르고 능력에 차이가 있다 하더라도 누가 누구를 지배할 정도로는 차이가 없다고 생각해야 비로소 민주주의가 나올 수 있다. 민주주의는 평등에서 출발한다. 한국에서는 평등을 말하면 대개 경제적 평등부터 떠올리지만, 평등은 존재의 평등, 지위의 평등, 관계의 평등 등 인간적 평등에서부터 출발한다.

고대 그리스에서 민주주의가 꽃을 피우기 전에 공동체의 모든 구성원들은 자유롭고 평등하며 동등한 발언권을 가진다는 관념이 먼저 발전해왔다.[1] 아리스토텔레스는 한 가지 점에서 평등한 사람들은 절대적으로 평등하다는 생각에서 민주주의가 나왔다고 했다. 거꾸로 어떤 면에서 불평등한 사람들은 모든 면에서 불평등하다는 생각해서 과두정이 생겨났다고 말했다.[2] 특권층이 지배하는 과두정 체제에서는 인간의 불평등한 부분에 초점을 맞추어서 인간을 바라보지만 다수 시민이 지배하는 민주정에서는 인간의 평등한 부분에 초점을 맞추어서 인간을 본다는 말이다. 평등의 인간관이 민주주의의 출발점이다.

민주주의가 평등에 기반을 두고 있음을 가장 잘 보여주는 예는 플라톤의 여러 대화편 가운데 하나인 『프로타고라스』에 나오는 프

---

1 윌리엄 포레스트, 김봉철 옮김, 『그리스 민주정의 탄생과 발전』, 한울아카데미, 2001(원저 1966), 57쪽.
2 아리스토텔레스, 『정치학』, 259~260쪽.

로타고라스의 발언이다. 페리클레스의 친구이자 당대의 대표적 소피스트인 프로타고라스가 소크라테스와 대화중에 한 발언으로, 훗날 '위대한 연설'로 알려져 있다. 이 부분을 간단히 소개하면 다음과 같다.

소크라테스가 프로타고라스를 만나 무엇을 가르치고 있느냐고 물으니, 프로타고라스는 소피스트로서 가정과 국가를 잘 다스리는 방법을 가르친다고 답한다. 공동체 시민의 덕목을 가르친다는 말이다. 그러자 소크라테스는 민회에서 보면 국가 경영에 관련된 문제는 누구나 발언하는데 이렇게 보면 시민의 덕목은 가르칠 것이 아니지 않느냐고 반문한다. 시민이면 누구나 정치 활동을 할 수 있다고 생각하면서, 누구나 할 수 있는 것을 왜 가르치느냐는 질문이다.

이에 프로타고라스는 민주주의의 근본에 대해 고대 신화를 예로 들어 말한다. '프로메테우스가 제우스에게 여러 전문적 기술을 훔쳐서 인간에게 주었는데, 그중에 시민의 덕목은 없어서 나라가 제대로 운영되지 못했고 마침내 종족이 멸종될 위기에 놓였소. 이에 제우스가 국가를 제대로 운영할 수 있도록 모든 시민에게 정의와 분별이라는 시민의 덕목을 나누어주었고 이로 인해 국가가 혼란에 빠지지 않게 되었소.' 프로타고라스는 목공술과 같은 전문기술에 대한 논의에는 전문가만 참여하는 것이 당연하지만, 시민의 덕목은 모든 시민이 받았으므로 누구나 정치 토론에 참여할 수 있다고 답했다. 다만 모두 시민의 덕목을 받기는 했지만 그 정도에는 차이가

있어서 가정에서 사회에서, 그리고 형벌 등을 통해 교육할 필요가 있다고 했다.³

국가 경영을 위한 시민의 자질과 능력이 똑같지는 않지만 이를 누구나 어느 정도는 지니고 있기에 어떤 사람도 정치에서 배제할 수 없다는 말이다. 이렇게 모든 시민이 정치에 참여할 수 있다는 생각이 민주주의의 기초를 이룬다. 고대 아테네 민주주의의 전성기라 할 수 있는 기원전 433년을 전후한 시기에 이루어진 프로타고라스의 이 발언은 현전하는 고대 아테네 민주정에 대한 가장 강력한 논변으로 평가되고 있다.⁴

모든 시민이 정치에 참여할 수 있다는 생각이 민주주의의 가장 강력한 기초이지만 소크라테스, 플라톤, 아리스토텔레스 등이 펼친 민주주의에 대한 가장 강력한 비판 역시 이 부분에 초점을 맞춘다. 모든 시민이 정치에 참여하면 중우정치衆愚政治로 흐를 수 있다면서 플라톤은 철인 통치를, 아리스토텔레스는 공화정과 유사한 혼합정체를 민주주의의 대안으로 제시했다. 결국 이들은 시민을 대신할 철인이나 엘리트를 정치의 주체로 내세운 것이다. 시민이냐 엘리트냐, 누가 정치의 중심 주체가 될 것이냐 하는 건 민주주의를 둘러싼 오랜 물음이다. 한편에서는 시민은 무지무능하니 엘리트가 주체가

---

3 플라톤, 강성훈 옮김, 『프로타고라스』, 아카넷, 2021, 53~54쪽.
4 위의 책, 221쪽. 프로타고라스의 앞의 발언은 소피스트가 소크라테스를 승복시킨 드문 일로 알려져 있다.

되어야 한다고 주장하고, 다른 한편에서는 시민의 능력도 엘리트 못지않을 뿐만 아니라 다수 시민의 참여가 공동체에 더 큰 이익을 준다면서 시민이 정치의 중심이 되어야 한다고 말한다.

    토크빌은 『미국의 민주주의』 서문에서 미국을 관찰할 때 가장 인상적인 것이 '조건의 평등equality of condition'이라고 말했다. 19세기 중반 프랑스인의 눈에 대단하게 여겨진 미국 민주주의의 가장 밑바닥에 평등이 자리하더라는 말이다. 이런 관찰은 토크빌만의 것이 아니었다. 당시 미국을 찾은 외국인들은 미국인의 삶 구석구석에 배어 있는 평등에 놀랐다. 그 평등이란 부의 평등한 분배도, 출세 기회의 평등도 아니며 모든 시민이 동일한 기반에서 독립적으로 생각하고 판단할 수 있다는 것이었다.[5] 『미국의 서사시 The Epic of America』라는 책을 통해 '아메리칸드림'이라는 말을 처음 쓴 것으로 알려진 제임스 애덤스는 아메리칸드림이란 단순히 어떤 물질적 보상을 가리키지 않으며 출신이나 지위를 막론하고 자신의 잠재력을 발휘하여 최상의 수준에 도달함으로써 남들에게까지 인정받게 되는 사회 질서에 대한 꿈이라고 했다. 그러면서 '조건의 평등'을 말했고, 노인과 젊은이, 부자와 빈자가, 흑인과 백인이 한데 섞여 민주주의가 마련한 그들 소유의 도서관에서 함께 책을 읽는 미국 의회도서관을 대표적인 예로 들었다.[6] 미국인이라면 누구든 공공의 영역에

---

5   마이클 샌델, 함규진 옮김, 『공정하다는 착각—능력주의는 모두에게 같은 기회를 제공하는가』, 와이즈베리, 2020, 299쪽.

서 그 자격과 권리가 동일하다는 것이 조건의 평등이 지닌 함의이며 이것이 미국 민주주의의 저력이었다.

인간관의 측면에서는 공화정 역시 민주주의와 크게 다르지 않다. 시민들 사이의 평등을 전제하지 않고는 올바른 공화정이 성립할 수 없다. 공화정은 시민을 지배의 중요한 한 축으로 설정하기 때문이다. 로버트 달은 공화정 역시 법 앞의 평등을 믿었고, 주인과 노예 사이 같은 의존관계가 시민 사이에서는 없어야 한다고 믿었다.[7] 링컨 대통령은 노예제를 반대한 연설에서 "타인들의 동의 없이 다른 사람을 통치할 수 있을 만큼 훌륭한 자는 없습니다. 나는 이것이 미국 공화주의 최상의 원칙이자 보루라고 말씀드립니다"[8]라고 말했다.

미국의 저명한 보수파 칼럼니스트였던 윌리엄 버클리는 하버드 교수에게 통치를 받느니 차라리 전화번호부 맨 앞에 나오는 시민 이천 명에게 통치받겠다고 했다.[9] 한두 명의 똑똑한 사람에게 통치를 받느니 평범한 다수 시민에게 통치받겠다는 말이다. 토크빌은 프랑스의 귀족정과 미국의 민주주의를 비교하면서 미국의 공직자들은 많은 경우 능력과 도덕성 면에서 뒤떨어지긴 하지만 그가 추

---

6 위의 책, 350쪽.
7 로버트 달, 앞의 책, 63~64쪽.
8 1854년 캔자스-네브래스카 법안에 대한 연설.
9 "I would rather be governed by the first 2,000 people in the telephone directory than by the Harvard University faculty." 이 말은 비슷한 말로 계속 재생산되었지만 기본 논지는 모두 엘리트 지배보다 일반 시민의 지배가 우월하다는 것이다.

구하는 이익이 결국 동료 시민 다수와 겹치기 때문에 옳은 판단을 내린다고 했다. 그래서 궁극적으로는 미국의 민주주의가 우월하다고 보았다.[10] 잘 배우고 똑똑한 귀족 또는 엘리트에게 지배받는 것보다 우매하고 도덕성까지 부족할지언정 동료 시민에 의한 지배가 시민에게는 더 나은 선택이 된다는 것이다. 일부 정치학자들은 근대 민주주의를 경쟁하는 엘리트들에 의한 지배로 보기도 한다.[11] 설령 현실 민주주의에서 엘리트 지배를 어느 정도 인정할 수밖에 없다고 하더라도 민주주의의 이상이 시민 지배에 있다면 가능한 한 시민의 정치 참여를 넓히는 방법을 모색해야 할 것이다.

---

10   알렉시 드 토크빌, 앞의 책, 395쪽.
11   앨런 라이언, 앞의 책, 15쪽.

엘리트주의에서 시민판단 민주주의로

　로버트 달은 『민주주의와 그 비판자들』에서 민주주의의 대표적 비판자로 무정부주의와 수호자주의를 들었다. 무정부주의는 시민이건 누구건 아예 지배 자체를 부정하니 시민 지배의 민주주의와 다른 길이다. 그러나 무정부주의가 꿈꾸는 지배받지 않는 사회의 이상에 가장 근접한 것이 누구나 지배할 수 있는 민주주의라 할 수 있으니, 이렇게 보면 민주주의의 실질적 비판자는 수호자주의다. 한국은 헌법에 '법률가 수호자주의'가 관철되어 있다고 했다. 한국의 실질적 지배자가 법률가라는 말이다. 그러나 현실적으로 법률가만의 지배로는 한계가 있으므로 정치, 경제 등 다른 분야의 권력 집단과 연대할 수밖에 없다. 재벌, 자본가 등 경제 권력과 정치인, 언론인, 교수, 의사 등 전문가 집단이 지배자 집단에 포섭된다. 한국 사회는 실질적으로 이들 소수 엘리트가 지배하고 있다.

엘리트 지배의 바탕에는 엘리트의 우월성을 인정하는 엘리트주의가 있고 전문가 지배의 바탕에는 그들의 전문성을 인정하는 전문가주의가 있다. 그리고 엘리트주의와 전문가주의의 바탕에 능력주의가 있다. 물려받은 재산으로 엘리트 행세를 하는 재벌 2세까지 능력주의에서 쉽게 인정하지는 않겠지만, 엘리트와 전문가의 다른 영역에서는 능력주의가 강하게 작동한다. 능력주의는 '메리토크라시meritocracy'의 번역어로, 어원으로 보면 신분, 부, 인종 등이 아니라 능력이 뛰어난 자가 지배하는 정치체제를 가리킨다.[12] 본래적 의미는 정치체제에 대한 것이지만, 일반적으로는 개인의 능력에 따른 차이를 인정하며 차별적으로 대우하는 것이 정당하다는 믿음을 가리킨다. 능력에 따른 차별을 인정하니 결국 그것이 정치체제에 적용되면 능력주의 정치체제가 되는 것이다. 그렇다면 과연 능력은 지배의 정당한 근거가 될 수 있을까?

우리는 능력에 따른 차이를 쉽게 말하지만 실제로 어떤 사람의 능력을 제대로 측정하는 일은 간단하지 않다. 한국 사회에서 말하는 능력이란 대개 대학입학시험이나 변호사 자격시험 등 일정 시기 특정한 시험에서 높은 점수를 받은 것을 가리키는데, 이것들은 한

---

[12] 영국 작가 마이클 영이 동명의 책(1958)을 통해 세상에 널리 퍼뜨린 개념인데, 정작 마이클 영은 능력주의에 대해 부정적이었다. 2001년 영국 총리가 미국을 본받아 영국을 능력주의 사회로 만들겠다고 발표하자 일간지에 「능력주의를 타도하자」는 글을 기고하기도 했다. 마이클 영, 유강은 옮김, 『능력주의—2034년, 평등하고 공정하고 정의로운 엘리트 계급의 세습 이야기』, 이매진, 2020, 313쪽, 옮긴이 글 중에서.

인간의 다채로운 능력을 판단하기에 적절치 않다.[13] 인간의 능력은 한두 가지 기준으로 평가할 수 없기 때문이다. 하워드 가드너는 '다중지능'이라는 개념을 만들어 인간의 능력이 여러 차원에서 존재함을 밝혔다.[14] 전통적 능력 평가에서 많이 다루어진 언어지능, 논리수학지능, 공간지능 외에도, 음악지능, 신체운동지능, 인간친화지능, 자기성찰지능, 자연친화지능, 실존적 지능 등이 있다고 한다. 인간의 능력이 다양한 만큼 이들 요소 중 한두 가지를 평가하는 시험을 통해 측정된 능력으로 공동체의 지배권을 주는 것은 부당하다. 더욱이 능력은 개인적인 것이면서 동시에 사회적인 것이어서, 어떤 사람은 환경이 좋아 능력 계발에 몰두할 수 있지만 어떤 사람은 자신의 능력을 계발할 기회를 얻지 못한다. 그러니 시험을 통해 좋은 학교, 높은 자리를 차지한 것을 자신의 능력이 뛰어나서라고 인식하는 것은 착각일 수 있으며, 그렇지 못한 사람을 무능력하다고 무시할 수도 없다. 한 사람의 인생은 짧다면 짧지만 여러 능력을 계발하기에는 길기도 해서, 어떤 사람은 한평생 자신을 계속 계발하지만, 또 어떤 사람은 자신의 초년 성취에 만족하여 더이상 능력을 키우지 않고 안주하기도 한다. 요컨대 특정한 능력을 가지고 한

---

13 송지우, 「대입 추첨제는 어떤 문제의 답이 될 수 있을까?—능력주의'비판론과 평등주의 이론의 관점에서」, 『법철학연구』 25-1, 한국법철학회, 2022에서 능력주의에 대한 이론적 비판을 시도하였다.
14 하워드 가드너, 문용린 옮김, 『다중지능』, 웅진지식하우스, 2007.

인간을 속속들이 판단할 수 없으며, 그 능력조차 환경에 크게 좌우된 것이고, 또한 한때 측정된 능력으로 전 생애의 능력을 판단할 수도 없다. 이처럼 온전히 판단하기 어려운 한 인간의 능력을 믿고 공동체의 지배권을 맡기는 일은 결코 옳다고 말할 수 없다.

인간의 능력을 판단하는 일이 이처럼 문제가 많음에도 한국 사회의 능력주의는 심각한 수준이다. 능력주의에 대한 신봉이 강한 집단으로 우선 '수호자'로 불리기도 한 법률가를 들 수 있으며, 이 밖에도 여러 전문가 집단이 능력주의에 빠져 있다. 특히 의사들의 경우 여러 차례 세간에 논란을 일으켰다. 똑똑한 의사들이 한국의 의료 기술을 한 차원 높일지는 모르나 의사와 환자 사이에 넘기 어려운 격차와 차별이 존재한다면 한국 의료공동체의 미래는 결코 밝지 않을 것이다.

능력주의에서 한 발 더 나아가 이에 기반을 둔 전문가주의는 한국의 민주주의를 심각한 상황으로 몰아넣고 있다. 전문가주의는 사회의 중요한 공적 의사결정을 전문가에게 맡겨야 한다는 믿음 체계다.[15] 전문가가 지배하는 사회가 된다는 뜻이다. 복잡한 현대 사회에서 전문가의 역할은 더욱 존중되어야 하겠지만 전문가를 존중하는 것과 전문가가 지배하는 것은 전혀 다른 문제다. 시민이 결정해야 할 문제에 시민이 배제되고 그 자리에 전문가를 앉혀서는 민주

---

15   이영희, 『전문가주의를 넘어―과학기술, 환경, 민주주의』, 한울아카데미, 2021, 6쪽.

주의라 말할 수 없다.

최근 한국 사회에서 뜨거운 관심사로 떠오른 존엄사 문제를 예로 들어보자. 각종 설문조사에 따르면 80퍼센트 이상의 국민이 막다른 골목에서 의사의 도움을 받아 생을 마감하고 싶다는 의견을 내고 있으나, 2022년 국회에서 발의된 조력존엄사 법안은 종교계와 의료계의 반발로 통과되지 못했다. 80퍼센트 이상 시민의 뜻을 불과 몇 명의 전문가가 뒤집는 비민주적 결정이 이루어진 것이다. 그런데 발의된 법안을 보면 더욱 심각한 문제가 내재해 있다. 조력존엄사 대상자를 시민 스스로가 아니라 관료와 관련 전문가가 결정하게 한 것이다. 이 법안에 따르면 조력존엄사 심사위원회에서 존엄사 대상자를 결정하게 했는데, 위원회는 위원장 1인과 15명 이내의 위원으로 구성되며, 위원장은 보건복지부 장관이, 위원은 고위공무원, 의료인, 윤리 또는 심리 분야 전문가 중에서 보건복지부 장관이 임명 또는 위촉하도록 했다.[16] 자신의 목숨을 결정하는 일에서조차 시민을 배제한 법안이 만들어진 것이다. 한국 시민은 자신의 목숨에 대한 결정조차 전문가에게 맡겨야 할 정도로 어리석다는 것인가?

소로는 『시민불복종』에서 정부는 내가 동의하는 한에서만 내 몸과 내 재산에 대해 권리를 주장할 수 있다고 했다. 시민이 주권을 가진 민주주의라면 전문가에게 자문은 구할지언정 자기 목숨을 맡

---

16 「호스피스, 완화의료 및 임종과정에 있는 환자의 연명의료결정에 관한 법률 일부개정법률안 검토보고」, 제400회 국회 제9차 보건복지위원회, 2022.11, 7쪽.

기지는 않을 것이다. 세계 어느 선진 민주주의 국가에서도 시민 개인의 목숨을 공무원과 전문가가 결정하지 않는다. 한국 사람의 의식 속에 전문가주의가 얼마나 뿌리깊이 잠재해 있는지 존엄사 문제가 잘 보여준다.[17]

한국 사회의 전문가주의를 보여주는 사례는 원자력 문제나 독극물 사건 등 과학기술 분야에 더욱 많다. 과학기술 분야에 전문지식이 없는 일반 시민이 판단하기 어려운 경우, 형식적인 시민 공청회로만 시민의 의견 수렴을 끝내는 경우가 많다. 이는 시민이 판단의 핵심적 주체로 참여하는 선진 민주주의 국가들과 크게 다르다.[18] 어떤 선진 민주주의 국가에서도 공동체의 중요한 문제나 시민의 생명이 걸려 있는 문제를 결정할 때 시민을 배제하지 않는다. 전문가의 조언을 경청하며 그 의견을 충분히 고려해 판단해야겠지만, 전문가가 판단을 독점하게 해서는 안 된다. 전문가가 독단하면 소수가 판단하는 과정에 협잡이 생기기 쉽고 전문가의 집단이기주의가 개입

---

17 이성기, 「죽음에 있어서 의사의 조력 행위와 자살방조죄의 정당성 논의―고령자의 존엄하게 죽을 권리의 관점에서」, 『법조』 72-6, 법조협회, 2023; 김율리, 「의사조력자살을 둘러싼 윤리적 쟁점―'조력존엄사' 개정안을 중심으로」, 『한국의료윤리학회지』 25-4, 한국의료윤리학회, 2022; 이문호, 「적극적 안락사 및 의사조력자살 허용 입법의 필요성―실존적 사실 및 통계적 근거를 중심으로」, 『인권과 정의』 482, 대한변호사협회, 2019. 이상의 논문에서는 각국의 사례를 소개하는데 명확하게 제시하고 있지는 않으나 한국의 법안처럼 공무원과 전문가로 구성된 위원회가 대상자를 정하는 곳은 보이지 않는다.
18 이영희, 앞의 책, 2021에 구체적인 사례가 다수 소개된다.

할 수도 있다. 무엇보다 민주주의에서는 시민이 공동체와 관련된 문제의 최종적 판단을 내리는 것이 원칙임을 명심할 필요가 있다. 시민이 좋은 판단을 내리도록 유도하는 게 전문가의 역할이다.

한국의 전문가주의에는 보수도 진보도 없다. 2024년 3월 한 변호사가 검찰총장의 자격을 변호사로 제한하지 않는 미국과 캐나다의 사례를 들면서 한국에서도 이에 대한 검토가 필요하다는 글을 페이스북에 올렸다. 그러자 검찰 개혁을 지지하는 것으로 알려진 현직 검사가 법률 전반에 걸친 실무 경험이 15년 이상 되는 사람으로 검찰총장의 자격을 제한해야 한다고 의견을 달았다. 일반 법학 교수 등을 배제하자는 취지였는데 여기에 변호사가 아닌 일반 시민은 아예 고려 대상도 되지 않았다. 검찰총장을 왜 꼭 변호사가 맡아야 하는지, 왜 일반 시민이 맡으면 안 되는지는 설명하려고도 하지 않았다. 왜 미국과 캐나다에서는 검찰총장의 자격을 굳이 변호사로 제한하지 않는지 그 이유를 살펴보려고 하지도 않았다. 전문직은 전문가가 맡아야 한다는 생각이 머릿속에 박혀 있는 것이다. 군인 출신이 아닌 국방부장관이, 교사, 교수 출신이 아닌 교육부장관이 가능하다면, 법률가 출신이 아닌 검찰총장, 법무부장관이 불가능한 이유를 알기 어렵다. 도대체 무엇이 다른가?

심지어 자격 범위가 열려 있는 정치판에서조차, 전문가주의라고 말할 수는 없지만, 정치 엘리트에 의한 독점적 지배를 당연시하며 시민을 무시하고 배제하는 수사가 만연해 있다. 정치판의 엘리트주의를 잘 보여주는 사례로 '포퓰리즘'과 '팬덤 정치론'을 들 수 있다. 포퓰리즘은 원래 '인민 중심'의 정치라는 긍정적인 의미로 사용했으나, 지금은 '복지 포퓰리즘'이니 뭐니 하면서, 대중의 인기에 맞추어 정치를 그릇된 방향으로 이끄는 경우를 뜻하는 '대중영합주의' 즉 포퓰러리즘popularism과 같은 의미로 사용하는 일이 많다.[19] 좌파든 우파든, 진보든 보수든, 정치인이나 관료가 포퓰리즘이라는 말을 쓸 때는 대개 시민을 멸시하고 비하하는 의미를 담는다. 자신들은 공동체의 장기적 이상을 생각하며 판단하는데 일반 시민들은 단기적 이익에 이끌려 판단을 그르친다고 보는 것이다. 그런데 현실에서는 이와 반대로 정치인, 관료, 언론인이 자신 또는 자기 세력의 이익을 위해 판단하는 일이 많고, 시민이 자기를 희생하는 장기적 판단을 내리는 경우가 적지 않다.

포퓰리즘과 함께 최근 부쩍 팬덤이라는 말이 많이 쓰이고 있다. 시민이 어떤 특정인을 지지하면 팬덤으로 몰아가는 것이다. 특정인을 맹목적으로 지지한다면 팬덤이라고 말할 수도 있겠지만 특정인

---

19 도묘연, 「한국 포퓰리즘의 형성과 성격」, 『현대 포퓰리즘―유럽과 한국』, 영남대학교출판부, 2021, 197쪽. 포퓰리즘은 1870년대 러시아 농촌개혁운동과 19세기 후반 미국 민중당운동에서 유래한 것으로 처음에는 스스로 자랑스러워하며 쓴 말인데 뒤에 부정적 의미로 변질되었다(진태원, 『을의 민주주의―새로운 혁명을 위하여』, 그린비, 2017, 64쪽). 또한 서병훈, 『포퓰리즘―현대 민주주의의 위기와 선택』, 책세상, 2008, 20~21쪽에서는 포퓰리즘이 가진 '양면성'을 말하면서, 겉으로 표방하는 것과 달리 포퓰리즘은 비민주적이고 엘리트중심적이므로 민주주의가 건강하게 발전하려면 포퓰리즘의 이런 부정적인 속성을 극복해야 한다고 했다.

의 정치적 지향에 대한 지지를 팬덤으로 이해하는 것은 부당하다. 어떤 진보 정치인이 보수로 입장을 바꾸었는데도 지지자가 계속 그를 따라간다면 팬덤이라고 부를 수 있겠지만, 진보 정치인의 진보적 가치를 지지하거나 보수 정치인의 보수적 가치를 지지하는 것을 팬덤이라고 부르는 것은 옳지 않다. 정치적 지향에 대한 지지는 시민이 정치인을 자신의 목적에 맞추어 이용하는 것으로 볼 수 있다. 실제로 한 정치인의 적극적 지지자에 대한 구체적인 분석 연구에서도 팬덤론의 부당성이 지적된 바 있다.[20] 실제로는 시민이 정치인을 이용함에도 엘리트들은 시민을 무지한 백성으로 간주하고 그들이 팬덤으로 건전한 민주주의를 훼손한다고 비난하는 것이다.

대의제에 기초를 둔 현대 민주주의에서 엘리트주의는 일정 부분 불가피할 수 있다. 그러나 엘리트주의는 민주주의의 대척점에 놓이며 민주주의의 이상은 엘리트가 아닌 시민의 지배라는 사실을 명심해야 한다. 아무리 능력주의와 전문가주의로 포장한다고 해도, 엘리트의 능력과 전문성은 존중할 부분이지, 지배의 정당성을 보증하는 것이 아니다.

최근 출간된 『시민정치의 시대』는 한국의 저명한 정치학자, 사회학자, 법학자, 언론학자의 글을 모은 책으로,[21] 현단계 한국 민주주

---

20   조은혜, 『'팬덤 정치'라는 낙인』, 오월의봄, 2023. 이 책은 13인의 문재인 대통령 지지자에 대한 심층 분석을 통해 지지자들이 사회 변화를 이루기 위해 문재인이라는 인물을 선택해 지지하는 것에 가깝다고 보았다.

의 이해의 수준을 잘 보여주고 있다. 여기서 시민정치는 시민이 정치에 핵심적 역할을 한다는 개념인데, 대표 편자인 송호근은 총론에서 시민권, 시민참여, 시민책무가 시민정치의 세 축이라고 했다. 그런데 시민정치의 핵심축인 시민참여의 개념을 보면, 시민단체가 정부를 감시, 견제, 비판, 청원하는 수준에 머무르고 있다.[22] 즉 『시민정치의 시대』에서 말하는 시민참여는 현재의 엘리트 민주주의를 견제하는 역할에 그친다.

한국 민주주의에 시민참여의 수준을 높일 것을 주장하는 사람으로 고대 그리스사 전공의 역사학자 최자영과 정치학자 김주형을 들 수 있다. 최자영은 제대로 된 민주주의로 나아가려면 시민, 민중이 결정권을 가져야 한다고 했다.[23] 또 김주형은 시민정치 또는 시민민주주의에 대해 논하면서 종전의 '영향을 미치는 것'으로서의 참여와 구별되는 '결정을 내리는 것'으로서의 참여를 말했다.[24] 김주형의 시민민주주의는 이 책에서 내가 힘주어 말한 시민판단 민주주의와 유사하다. 시민판단 민주주의는 시민이 판단권력의 핵심이 되어야 하며, 공동체의 주요한 결정의 최종 주체여야 한다는 것이다. 한

---

21 송호근 외 공저, 『시민정치의 시대』, 나남출판, 2022.
22 위의 책 외에 다양한 수준의 시민참여를 살피려면 주성수, 『시민참여와 정부정책』, 한양대학교출판부, 2004 등을 참고할 수 있다.
23 최자영, 앞의 글, 2021, 151쪽.
24 김주형, 「시민정치와 민주주의」, 『한국정치학회보』 50-5, 한국정치학회, 2016, 39쪽.

국 민주주의는 이제 시민참여의 민주주의를 넘어서서 시민판단의 민주주의로 가야 한다. 시민이 더이상 들러리가 되지 않고 입법은 물론 사법 권력에도 핵심적 지위를 가지고 참여해야 한다.

고대 그리스에서 현자로 불린 아나카르시스는 '현명한 사람들이 정치를 논하지만, 결정은 무식한 사람들이 내린다'며 그리스의 민주주의를 비판했다.[25] 그러나 현명한 사람들이 정치를 논하고 현명한 사람들이 판단까지 내린다면 그로 인한 위험성은 더욱 크다. 한국 정치판에서 많이 배운 교수와 높은 성적으로 전문직에 오른 판사, 검사, 변호사, 의사 등이 얼마나 엉터리 판단을 많이 하는지, 얼마나 뻔뻔히 거짓말을 늘어놓는지 우리는 수도 없이 겪었다. 시민의 판단이 완전한 것은 아니겠지만 시민의 견제 없는 전문가의 판단은 민주주의에 어긋난 일이다. 적어도 공동체가 중대한 결정을 내릴 때 한국처럼 시민이 완전히 소외되어서는 안 된다. 보통 사람들이 양궁 과녁에 9점, 10점을 쏘기는 어렵지만, 화살이 9점에 맞았는지, 10점에 맞았는지는 판단할 수 있다. 공동체의 안전과 존립을 극소수 전문가, 법률가에게 더는 맡길 수 없다. 거꾸로 선 엘리트주의, 전문가주의, 능력주의를 시민판단 민주주의로 바로 세워야 할 때다.

---

25 플루타르코스, 『플루타크 영웅전』, 75쪽.

거짓 자부심보다는 철저한 반성을

한국의 반민주적 엘리트주의는 뿌리가 깊다. 대한민국 이전의 한국은 민주주의, 공화정은 물론 귀족정, 과두정의 경험조차 없었다. 오랜 왕정, 그것도 전제적 왕정으로, 대다수의 한국인들은 왕정이라고 하면 전제적 왕정 외에 다른 어떤 것을 떠올리지도 못한다. 이런 정치체제로 천 년 이상을 지내왔으니 평등에 기반을 둔 민주주의가 뿌리내리기 쉽지 않다. 앞으로 만들어갈 민주주의를 위해서 우리가 무엇을 가지지 못했는지, 약간이라도 가진 것이 있다면 무엇을 얼마나 가지고 있었는지부터 정확히 알아야 한다.

한국의 민주주의 전통에 대해서는 지금까지 여러 가지가 지적되었다. 먼저 민본사상을 들 수 있으니 국가의 근본이 백성이라는 사상이다. 민본을 얘기할 때 곧잘 드는 예가 백성의 마음을 얻지 못하면 정치가 설 수 없다는 『맹자』의 역성혁명론이다. 그러나 역성혁명론은 민의를 따르지 않는 지배자는 축출되어야 한다는 뜻일 뿐 백성을 지배자 자리에 올리자는 말은 아니다. 중국의 쑨원은 『삼민주의』에서 민권주의를 말하면서 민본사상에서 근거를 찾았다.[26] 시민의 권리를 민본에서 찾았으니 이는 사실은 주객이 전도된 것이다. 민본은 지배자가 인민을 자기 권력의 원천으로 삼겠다는 말이고 민권은 인민 스스로 힘을 가져야 한다는 말이니 주체가 완전히 다르다.[27] 조선 왕정의 민본사상 역시 이와 다르지 않으니, 민본사상에서 민주주의의 전통을 찾는 것은 오히려 민주주의의 근본정신을 왜곡하는 일이다.

한국의 전통사상에서 민주주의 정신을 찾기 어려운 이유는, 민주주의의 출발점이라 할 수 있는 평등의 관념이 서지 않았기 때문이다. 비록 공동체 전체는 아니더라도 귀족, 양반, 양인 사이에서라도 평등 관념이 존재했다면 민주주의의 씨앗으로 간주할 수 있겠지만 그런 논의조차 찾기 어렵다. 다만 범박한 의미에서의 평등의식 정도는 일부 제도에 흔적이 남아 있다. 한국 민주주의의 전통을 말할 때 흔히 언급되는 것이 신라의 화백 회의와 조선의 향약이다.

화백 회의는 기록이 희소하며 실체도 분명하지 않지만, 민회와 같은 시민의 회의체는 아니었고 최고 귀족의 회의체였다.[28] 그러니

---

26 쑨원, 김승일 외 옮김, 『삼민주의』, 범우사, 2021.
27 김석근, 「'민본'과 '민주' 사이의 거리와 함의」, 『현대한국정치사상』, 아산서원, 2014, 529쪽.

귀족정이라면 모를까 민주주의와는 거리가 있다. 다만 귀족 회의라 하더라도 국가 중대사를 개인이 독단하지 않고 회의체에 맡겼다는 사실만으로도 전제적 왕정과는 차별되는, 어느 정도는 공화주의적 요소가 있는 것으로 읽을 수 있다.

한편 향약은 국가 중대사가 아니라 향촌 지배 문제에 해당하고 양반이라는 상층 신분에 의해 규율된다는 점에서 민주주의와 거리가 있다고도 보이지만, 다수의 협의를 존중한다는 점에서 민주주의적 가치와 상통하기도 한다.[29]

근대 이후 민주주의를 받아들인 한국은 연원이 깊은 민주주의 국가로서 자부심을 가질 수 있도록, 가장 근사한 사례를 찾아 민주주의의 전통이 없지는 않았음을 보여주고자 했다. 그러나 민주주의와 직접 관련되지 않은 제도를 억지로 찾아 전통을 만들어가면서 거꾸로 민주주의적 전통이 빈약함을 자각하지 못했다. 때로는 자부심도 필요하겠지만 거짓 자부심보다는 철저한 반성이 한국 민주주의의 미래를 위해 더욱 바람직하다.

---

28 화백 회의에 대해서는 이기백,「통일신라시대의 전제정치」,『한국사상의 정치형태』, 일조각, 1993, 5절 '전제정치와 화백회의' 참조.
29 이승종, 김혜정,『시민참여론』, 박영사, 2018, 38쪽(제2부 제2장)에서는 한국 민주주의의 뿌리로 조선시대 향약을 들면서도 신분에 의해 규율돼 진정한 민주공동체로 볼 수는 없다고 한계까지 아울러 제시했다.

누구도 차별의 예외가 될 수 없다, 전근대 한국의 차별

 오랜 기간 동안 전제 왕정 국가였던 전근대 한국은 신분 등에 의한 차별이 극심한 사회였다. 차별 사회니 평등이 있을 수 없고 따라서 평등의식 또한 나타나지 않았다. 다만 원론적 수준의 평등을 뒷받침하는 사상은 없지 않았으니, 불교에서는 석가모니가 태어나면서 했다는 말인 '천상천하 유아독존天上天下 唯我獨尊'의 관념이 있었다. '온 세상에 오로지 나만이 존귀하다'는 말은 나만 존귀하다는 의미를 넘어서서 타자 또한 존귀한 존재라고 생각했다 볼 수 있다. 유학에도 비슷한 말이 있었으니, 조선시대에 누구나 읽었던 초학서인 『동몽선습』 첫머리에 나오는 '천지지간 만물지중 유인최귀天地之間 萬物之中 唯人最貴'이다. '천지만물 중에 오로지 사람이 가장 귀중하다'는 존귀하지 않은 인간이 없다는 말이니 여기서 평등에 대한 인식을 막연하나마 읽을 수 있다. 그러나 평등의식이 구체적으로 표현되는 데는 오랜 시간이 걸렸다. 일러도 천주교가 수입된 18세기 후반까지는 기다림의 시간이었고 19세기 후반 동학에 와서야 평등의식의 도약이 이루어졌다.

한반도에서 평등의식이 자라나기까지 한국인들은 엄혹한 차별을 겪었다. 전근대 한국 사회에서 가장 심하게 차별받았던 집단은 최하 계급인 천민과 노비라 할 수 있다. 노예에 대한 비교사적 연구인 올랜도 패터슨의 『노예와 사회적 죽음』에서는 한국을 가장 오랜 기간 대규모의 노예제가 존속한 국가로 꼽았다.[30] 그리고 미국의 한국사 연구자인 제임스 팔래는 노예제의 존속 기간을 좀 줄이긴 했으나 이 결과를 받아들였다. 한국이 전 세계에서 가장 극악한 노예제를 유지했다는 연구는 논쟁을 불러일으켰다. 이영훈과 양동휴는 미국의 흑인노예와 비교할 때 조선의 노비는 재산권, 법능력, 공민권을 갖춘 경우가 적지 않았고 양반을 제외한 자유인 일반과 경계짓기 곤란한 융합 상태였다며 노예라고 부르기 어렵다고 주장했다.[31] 전근대 한국의 노비는 서양에서 말하는 노예와는 차원이 다른 존재였다고 보는 것이다. 한국학계에서는 노비가 가진 법적, 경제적 자율성에 의해, 노비를 노예와 차별적인 존재로 이해하고자 했지만,

---

30 Orlando Patterson, *Slavery and Social Death: A Comparative Study*, Harvard University Press, 1982.
31 이영훈, 양동휴, 「조선 노비제와 미국 흑인노예제―비교사적 고찰」, 『경제논집』 37-2, 서울대학교경제연구소, 1998, 331~332쪽.

미국학계에서는 미국 노예도 경우에 따라서는 상당한 자율성을 가졌다면서 노비가 노예와 근본적으로 다를 바 없다고 보았다. 미국의 한국사 연구자인 마크 피터슨은 필자와 함께 쓴 논문에서 조선 노비가 미국 노예와 대동소이하다고 했다.[32] 설시 일부 노비가 재산권 등을 가지고 있었다 해도 사고파는 노비를 자유민으로 볼 수는 없다는 것이다.

한국학계에서는 노비조차 자유민으로 보려고 했으나, 냉정하게 비교하면 조선의 양반조차 고대 아테네의 시민이 누리는 권리를 누리지 못했으니 자유민이라 부를 수 없는 존재였다. 그만큼 조선은 사회 전체적으로 자유와 권리의 제한이 심각한 수준이었다. 전근대 한국의 지배층인 왕족, 귀족, 양반은 하층 인민을 자신과 같은 인간으로 보지 않았다. 고려시대 노비 만적의 난에서 보는 것처럼 '왕후장상이 어찌 따로 씨가 있겠냐'며 자신도 지배층이 될 수 있다는 생각을 피력하는 하층민도 존재했지만, 피지배와 차별의 오랜 역사 속에서 인민들은 감히 자신이 지배자가 될 수 있다고 생각하기 어려웠고 설령 그런 의식을 가진다고 해도 이를 밖으로 표현하기란 불가능에 가까웠다. 전근대 한국의 세습적 왕정하에서 신하와 백성

---

32 정병설, 마크 피터슨, 「조선조문학과 노비」, 『진단학보』 87, 진단학회, 1999, 67~68쪽에서 이런 견해를 보였고, 이러한 견해는 마크 피터슨, 신채용 지음, 홍석윤 옮김, 『우물 밖의 개구리가 보는 한국사』, 지식의숲, 2022, 209~223쪽의 3부 5장 '한국의 노비제도로 보는 역사'에서 되풀이된다.

은 임금이 가라면 가야 했고 죽으라면 죽어야 했다. 임금은 백성들과 근본적으로 다른 사람으로 취급되었고 귀족, 양반, 평민, 천민은 각각 자신의 아래 신분을 차별했다.

더욱이 중국으로부터 온전한 독립을 이룰 수 없었던 조선에서는 임금조차 자유롭지 않았다. 임금은 법 위의 존재라는 막강한 권력을 가지고 있었으나 중국의 견제는 받았다. 조선 임금은 중국 황제의 감시와 견제 앞에 자유롭지 못했으니, 극단적으로 말하면 조선 백성이 임금의 노예인 것처럼 조선 임금은 중국 황제의 노예였다. 조선 임금들은 정치적 사건이나 군사적, 행정적 사항 등이 중국에 알려지지 않도록 조심했고, 그래서 일종의 관보인 조보朝報를 조선 말까지도 간행하지 않았다. 조정의 여러 사건 정보를 담은 조보는 수요가 많으니 목판에 새겨 찍어 돌리는 것이 효율적이었지만 조보에 인쇄된 정보가 널리 퍼져 중국에까지 새어나가서 외교 문제가 될까 염려했던 것이다.

임금이 이런 존재니 신하, 양반, 백성은 두말할 것도 없다. 신하의 '신'이 종을 뜻하니 종은 곧 노예다. 사고파는 노비가 노예인 것은 말할 것도 없고, 상층 양반은 임금의 노예, 안방에 갇혀 지내는 여성들은 남성 또는 사회 이념의 노예였다. 양반은 자기들도 노예면서 스스로 자유민으로 여기며 하층을 차별했다. 차별 사회에서는 누구도 차별의 예외가 될 수 없었다. 모두가 차별의 눈으로 다른 사람을 보기 때문이다.

루소는 『사회계약론』에서 '인간은 자유롭게 태어나지만 어디에서든 쇠사슬에 묶여 있다'는 유명한 말을 남겼다. 이 말에 이어 루소는 자신이 다른 사람들의 주인이라고 믿는 자가 다른 사람보다 더 노예로 산다고도 했다.[33] 헤겔의 『정신현상학』에 나오는 주인과 노예의 변증법을 떠올리게 하는 구절이다. 주인은 생사를 건 투쟁을 통해 자립성을 구현한 자이고 노예는 목숨을 얻은 대신 자립성을 내준 자다. 그러나 주인이 노예를 통해 사물과 간접적으로 만나고 노예가 노동을 통해 자립적 의식을 획득하면 주인과 노예의 상태는 역전한다. 이것이 주인과 노예의 변증법이다.[34] 모두가 노예에서 벗어나는 길은 노예제를 없애는 수밖에 없다.

1894년 갑오개혁 때 공식적으로 신분제가 철폐되었지만 아직도 한국에서는 준노예적 차별이 지속되고 있다. 2014년 대한항공 총수 집안에서 벌인 이른바 '땅콩 회항' 사건은 차별의 실상을 극단적으로 보여주었다. 총수 일가가 종업원과 고용인을 대하는 태도는 계약관계에 있는 인격체가 아니라 인격을 빼앗긴 노예에게 하는 행동과 같았다. 세상에 널리 알려진 대기업 총수 일가가 이럴진대 눈에 잘 드러나지 않는 곳에서는 어떤 일이 벌어질지 짐작조차 하기 어렵다. 헤겔은 역사를 보는 가장 중요한 관점을 노예로부터 해방되는 과정에서 찾았다. 그는 『역사철학강의』 머리글에서 세계사를 '자

---

33 루소, 『사회계약론』, 11쪽.
34 헤겔, 임석진 옮김, 『정신현상학 1』, 한길사, 2005(원저 1807), 228쪽.

유의식이 앞으로 나아가는 과정'이라고 표현했다.[35] 평등에 대한 관념이 높아지며 또 자유의식이 성장하여 노예가 주인이 되어가는 과정이라는 말이다. 루소나 헤겔은 물론 근대 이후 서양사상사의 핵심에 바로 이 주인과 노예, 자유와 평등의 문제가 놓여 있다. 한국 사회의 차별을 반성하고 극복하는 일은 무엇보다 중요한 한국사의 과제다.

---

35 G.W.F. 헤겔, 권기철 옮김, 『역사철학강의』, 동서문화사, 1978(원저 1837), 28쪽.

권력과 돈이 지배한 사법 전통

　한 나라의 인민이 평등한 인간으로 기본권을 누리고 있는지는 그가 얼마나 자유롭게 자기 의견을 펼치며 또 자신과 자기 공동체의 일에 대해 어느 정도 결정권을 갖는지를 보면 된다. 결정권은 여러 분야와 차원에서 거론될 수 있지만 그중에서도 형사사법 분야가 핵심적인 영역이다. 형사사법적 판단에 참여할 권리는 오늘날 대한민국 시민도 일절 누리지 못하는 것이니 조선시대에는 당연히 기대하기 어렵다. 물론 조선시대라고 해서 아무런 법적 근거와 절차도 없이 형벌권이 자의적으로 작동하지는 않았다. 조선의 형법은 기본적으로 중국 명나라의 법전인 『대명률』을 따랐으며, 이와 함께 국속과 관련되는 부분은 『경국대전』에서 이어지는 여러 조선 법전을 적용했다. 다만 조선 인민들은 입법과 재판의 주체가 되지 못했고 그저 지배층이 만든 법의 적용 대상일 뿐이었다.

형사사법적 판단의 주체가 되지 못한 조선 인민들에게 법은 공정하게 작동하지도 않았다. 어떤 일이든 주인이 되어 참여하지 못하면 무시당할 수밖에 없다. 임금은 법 위에 존재했고 양반과 노비는 법 적용부터 차이가 있었다.[36] 주인이 노비를 죽이는 것과 노비가 주인을 죽이는 것은 처벌 법규부터 형량까지 완전히 달랐다. 인민들은 신분과 강상의 차별적 질서 외에 권력과 빈부로도 사법적 차별을 받았다. 19세기 말 영국의 외교관 제임스 스콧이 편찬한 『언문말책』이라는 한국어 교재를 보면 다음과 같은 예문이 있다. "아무 송사라도 돈만 있으면 이기고, 가난하고 형세 없으면 지기 쉽다. 가난한 사람은 항상 지고, 부자 사람은 항상 이기지오. 예, 그러하오."[37] 법이 오죽 편파적이면 한국어 교재의 예문에까지 등장했을까? 권력, 돈 그리고 재판관과의 친소에 따라 승소와 패소, 유죄와 무죄가 갈린다는 생각은 조선 후기 민간에서 널리 읽힌 동물 우화인 『황새결송』[38] 『서대주전』 『까치전』 등에서도 잘 나타나니[39] 현실

---

36 진희권, 「유교사상과 조선조 형사절차─『대명률직해』와 『경국대전』 「형전」을 중심으로」, 『동양사회사상』 5, 동양사회사상학회, 2002, 33~39쪽.
37 James Scott, *A Corean Manual or Phrase Book with Introductory Grammar*, Shanghai: Statistical Department of the Inspectorate General of Customs, 1887, p. 191. 서울대학교 중앙도서관 온라인 이미지판 제공.
38 김동욱 교주, 『어우야담, 운영전, 요로원야화기, 삼설기』, 교문사, 1984. 『황새결송』은 1848년 서울에서 간행된 단편소설집 『삼설기』에 수록된 작품이다. 줄거리는 다음과 같다. 경상도에 한 부자가 있었는데 패악무도한 친척이 찾아와 재산을 반으로 나누어 자기에게 한몫을 달라고 강짜를 부리며 그러지 않으면 소송을 하겠다고 협박한다. 조선시대에 가까운 친척을 도와주지 않는 것은 죄가 될 수 있으니, 그 친척의 말이 영 어

의 다른 예를 구구히 들 필요도 없다. 조선 인민들은 재판의 차별받는 객체였다.

인민의 이러한 사법적 위상은 근대 이후에도 전혀 달라지지 않았다. 언제부터인가 감옥 담벼락의 낙서 등으로 전해온 '무전유죄 유전무죄'라는 말이 그것을 대표한다고 할 수 있다.[40] 이 말은 흔히 1988년 수감중 도망하여 인질극을 벌인 지강헌이 한 것으로 알려져 있으나 사실은 연원이 오래된 한국 감옥의 격언이다. "돈 없는 자 죄가 있고 돈 있는 자 죄가 없다"는 말이 1955년 7월 22일 경향신문 '죄수들의 한탄'에 먼저 확인되고, 1964년 11월 21일 동아일보 '무전은 유죄 유전은 무죄'라는 기사에서는 감옥에 떠도는 말이라고 김대중 대통령이 소개한 적도 있다.[41] 『언문말책』에서는 돈만

굿나지는 않았으나 그와의 관계나 액수로 볼 때 사리에 맞지 않는 것이었다. 그래서 부자는 당연히 자기가 이길 것으로 생각하고 소송을 열었는데, 친척이 미리 재판관에게 손을 쓴 바람에 패소한다. 부자는 분하고 억울했지만 이미 어쩔 수 없는 상황임을 알고 재판관에게 자기 이야기나 하나 들어달라고 한다. 옛날에 꾀꼬리, 뻐꾸기, 따오기가 서로 자기 소리가 좋다고 다투다가 황새를 찾아가 소송을 연다. 그런데 따오기가 실력으로는 자기가 질 것을 알고 황새에게 곤충 등을 바쳐 마음을 얻어 승소한다. 부자는 이로써 그릇 판결을 내린 법관을 풍자하니, 관원들이 부끄러워 아무 말도 못했다.
39 　이헌홍, 『한국송사소설연구』, 삼지원, 1997, 286쪽.
40 　고대 그리스의 현자 아나카르시스는 법은 거미줄과 같아서 사소한 범죄를 저지른 사람이나 힘없는 사람만 걸려들고 부자나 권력자는 이를 찢어버린다고 말했다(『플루타크 영웅전』, 75쪽). 유전무죄와 비슷한 말이 고대부터 있었던 것이다.
41 　1961년 5·16쿠데타 직후에 민족일보 사건으로 수감된 민족일보 편집국장 양수정의 옥중수기에서도 서대문형무소 감옥 벽에 이 말이 적혀 있더라고 했다. 양수정, 『하늘을 보고 땅을 보고—내가 지켜본 사형장 이십칠 개월』, 인문출판사, 1971(증보판), 169쪽.

이 아니라 '형세'까지 거론했는데, 마찬가지로 '무전유죄'를 '무권유죄'로 돈 대신 권력으로 말을 바꾸어 사용하기도 한다. 최근에는 검찰의 막강한 힘을 빗대어 '무검유죄 유검무죄'로 바꾸어 표현하기도 한다.

권력과 돈을 등에 업은 형사사법의 전통은 대한민국이 새로 시작할 때도 그대로 이어졌다. 광복 이후 한국에서 외교관으로 오래 머물렀고 또 한국의 역사와 정치를 연구하고 관찰한 미국 학자 그레고리 헨더슨은 자신의 주저 『소용돌이의 한국정치』에서 한국의 형사사법 현실을 매섭게 비판했다. 1948년 여순 사건 이후 이승만의 주도로 국가보안법을 만들었는데, 이 무렵 한국의 사법부는 권리의 옹호자나 권력의 균형을 위한 기관이 되지 못했고 일제 지배하의 사법부보다 못한 행정부의 시녀였다고 평가했다.[42] 그 구체적인 예로 독재의 하수인이었던 오제도 검사와 사광욱 판사를 들며 그들의 재판이 얼마나 엉터리였는지 적었다. 검사는 기소를 유죄로 여겼고 판사는 행정부의 요구에 따라 유죄를 선고했다.[43]

한국은 아직 시민이 권력을 감시하고 통제하는 사회라기보다는 권력이 시민을 통제하는 사회에 가깝다. 시민의 인권에 약간이나

---

42   그레고리 헨더슨, 박행웅, 이종삼 옮김, 『소용돌이의 한국정치』, 한울, 2000(원저 1968), 252쪽. 헨더슨과 그의 한국 정치에 대한 견해에 대해서는 김정기, 『그레고리 헨더슨 평전』, 한울, 2023이 자세하다. 헨더슨은 1973년 박정희 정권하 도쿄에서 벌어진 김대중 납치 사건 때 김대중을 살리는 데 주요한 역할을 했다.
43   위의 책, 368~369쪽.

마 신경을 쓰는 정권이 집권하면 잠시 그에 맞추어 형사사법 체계가 민주적으로 작동하는 듯하지만 엘리트의 이익을 추구하는 권위주의 정권이 집권하면 시민의 권리는 다시 뒷전으로 밀려난다. 애당초 정치에 시민의 실질적인 참여와 통제가 없었으니 반민주적 상태로 되돌리는 일은 전혀 어렵지 않다. 대한민국의 비민주적 후진적 형사사법 제도는 시민이 형사사법 집행의 주체가 아니라 객체라는 점에서, 바꾸어 말해서 주인이 아니라 노예라는 점에서, 그 수준이 조선시대와 근본적으로 차이가 없다.

○ 「조의제문」부터 『명기집략』 사건까지,
　　인민의 입을 막아온 역사

　인민이 평등하다면 자유롭게 말할 수 있고 자유롭다면 평등한 것이다. 신분, 권력, 재력 등으로 전혀 평등하지 않았던 전근대 한국인에게 자유롭게 말할 권리란 애초부터 개념조차 없었다. 자유의 정도야 시대마다 약간씩 다를 수 있겠지만 조선시대를 중심으로 말하면 매우 억압적이었다. 상소, 신문고, 격쟁 등 상언 제도를 통해 최종 결정권자인 임금에게 의견을 개진할 통로는 있었지만 그것은 어디까지나 청원이지 결정을 논의하는 자리가 아니었다. 조선 사람들에게는 자유롭게 말할 권리는 물론 그럴 만한 장소도 없었다.
　말할 자유에 대한 언급이나 이를 보여주는 사례는 찾을 수 없지만, 거꾸로 언로에 대한 통제는 필화, 금서 사건에서 찾아볼 수 있다. 연산군 때 일어난 「조의제문」 사건을 보면 김종직이 살아생전 쓴 글을 가지고, 임금을 직접 비판한 것도 아닌데도 혐의를 씌워 묻었던 관을 다시 파내 김종직의 시신을 훼손했다. 이 사건은 무오사화의 출발점이 되었다. 또 중종 때 채수가 쓴 『설공찬전』이라는 소설은 죽은 사람의 영혼이 다른 사람의 몸으로 들어간다는 내용인데 불교적 윤회를 다루었다며 작가를 죽이라는 상소가 빗발쳤다. 결국 처벌의 수준을 낮추어 채수를 파직하는 것으로 마무리됐다. 그리고 광해군 때의 유명 시인 권필은 임금을 우의적으로 비판하는 세칭 '궁류시'를 지었다가 임금의 심문을 받고 유배를 가다가 죽었다. 더한 일은 영조 때의 『명기집략』 사건인데 중국에서 간행된 역사책에 조선 왕실에 대한 부정적인 내용이 한두 구절 섞여 있다며 이를 수입한 역관과 유통한 서적상, 그리고 수거 명령이 내렸을 때 신속히 제출하지 않은 소장자 등 백여 명을 처형하거나 처벌 도중 사망에 이르게 했다. 조선은 아버지나 임금의 이름 글자를 다른 글에 올리는 것조차 금할 정도로 표현을 엄격하게 관리한 나라이므로 이런 나라에서 표현의 자유는 상상도 못할 일이다.

하버마스는 근대 시민사회를 열어간 공론장의 구조 변화에 커피하우스가 중요한 역할을 했다고 했다. 지식인들은 커피하우스에 모여서 커피를 마시고 신문을 읽으며 토론을 했다. 새로운 정보를 접하고 사회 문제에 대해 토론하면서 신사회를 위한 방향을 함께 고민했다. 서양에는 도시마다 있는 광장이 동아시아에는 없었는데 마찬가지로 이런 공론장도 없었다. 그러니 술집과 찻집이 있어도 표현의 자유가 극도로 억압된 상태에서 정치사회적 문제를 두고 토론이 이루어지기란 힘들었다. 조선 지식인들은 실제 문제보다는 현실에서 한 발 물러선 원론적인 철학 주제로서의 심성론, 이기론 등을 두고 토론했고, 비교적 현실적인 토론 주제도 예법처럼 현실 변혁을 직접 요구하는 것이 아니라 간접적이고 우회적인 논란거리였다. 조선은 유교적 사회질서를 강조하는 강상의 규범을 내세우며 그것을 법에까지 반영하였고, 체제를 흔들려는 어떤 시도도 뿌리부터 잘라버렸다.

자유로운 표현에 대한 엄격한 통제는 출판문화에도 결정적 영향을 주었다. 위에서 언급한 필화 금서 사건들은 중국에서 수입한 책인 『명기집략』을 제외하고는 출판된 책을 두고 이뤄진 게 아니다. 필사한 글이 조금씩 퍼져나가면서 물의를 빚으면 그것으로 문제를 삼았다. 필사본을 이렇게 엄격히 통제했으니 출판은 두말이 필요치 않다. 흔히 전근대 한국을 출판강국으로 생각하고 자랑하지만 이는 금속활자의 발명과 조정에서 간행한 멋진 책들을 가지고 하는 말이지 출판 전체에 해당하는 이야기는 아니다. 조선에서 출판은 원칙적으로 임금의 허가를 받아야만 가능했던 금지된 영역이었다. 그렇기에 조선시대에 베스트셀러급이라 말할 수 있을 정도로 유명한 책, 예컨대 『열하일기』나 『택리지』[44] 등도 당대에 출판이 되지 못했

---

44   안대회, 『택리지 평설』, 휴머니스트, 2020, 138쪽에 따르면 『택리지』가 조선 후기 나온 저작 중에 가장 많은 이본(약 이백여 종)이 있는데, 이 가운데 조선시대 간본은 하나도 없다고 한다.

다. 이미 사회적으로 공인된 『논어』 『맹자』 등의 경전이나 출판의 사각지대에 놓여 있었던 불경이나 소설은 살짝살짝 간행될 수 있었지만 개인 문집을 포함하여 그 시대의 문제와 사상을 다룬 책은 정부의 허가를 받지 않고는 나올 수 없었으니 출판이 발달하기 어려웠다.[45]

차라리 프랑스혁명 이전의 프랑스처럼 검열제도라도 존재하면 출판 가능성이라도 있지, 조선에는 검열제도가 없었으니 특별한 경우가 아니면 아예 출판이 불가능했다. 이런 곳에서 표현의 자유, 언론의 자유, 출판의 자유는 감히 상상할 수 없는 일이었다.[46] 20세

---

[45] 그나마 19세기 이후 조선 조정의 정치 장악력이 약화되면서 허락을 받지 못한 출판물이 조금씩 나왔다.

[46] 조선시대 출판 유통의 금압에 대한 자세한 논의는 정병설, 『조선시대 소설의 생산과 유통』, 서울대학교출판문화원, 2016, 68~94쪽 참조. 조선 정치체제의 성격에 대해서는 이견이 없지 않다. 필자는 조선을 강도 높은 통제가 존재하는 국가로 보았으나, 정치학자 김영민은 조선을 '최소 국가(minimalist state)'로 보면서 필자의 의견에 반대했다. 한 예를 들면 김영민은 조선 임금 중에 가장 강한 권력을 향유한 것으로 알려진 영조 재위기에 무려 83건의 역모 시도가 있었음을 제시했다. 이런 수많은 역모 시도로 볼 때 조선을 강한 통제가 작동한 국가로 볼 수 없다는 것이다. 그런데 그가 근거로 삼은 역모 사건 취조 기록인 『추안급국안』에서 해당 역모 사건들을 보면, 진짜 역모라 할 것은 무신역변 곧 '이인좌의 난' 단 1건밖에 없다. 조선에서 말하는 역모는 거의 대부분 총칼을 든 반역이 아니라 반역의 마음을 품었다거나 임금을 불편하게 한 언행 정도이다. 그런 사소한 것까지 반역으로 간주하여 처벌할 정도로 엄격히 사회를 통제한 곳이 조선이었다. 김영민, 「국문학 논쟁을 통해서 본 조선 후기 국가, 사회, 행위자」, 『미래국가론—정치외교학적 성찰』, 사회평론아카데미, 2019. 이 논의에 대한 필자의 반론은 정병설, 「조선 후기 소설 유통의 정치경제적 배경 재론—류준경, 김영민 교수 비평에 대한 반론」, 『관악어문연구』 43, 서울대학교 국어국문학과, 2018 참조.

기 이후 일본의 지배가 시작되면서 근대적 제도로서 검열이 들어왔고,[47] 이로부터 검열을 통해 언론을 통제하기 시작했다. 광복 후 독재정권들은 검열제도를 이어나갔고 문민정권이 들어와서야 그 고삐를 늦추었다. 하지만 명예훼손 등 소송을 통해 언론과 출판에 족쇄를 씌우려는 권력의 시도는 아직도 그치지 않고 있다.

---

47   일본의 검열은 1904년 러일전쟁이 발발하면서부터 시작됐다고 알려졌다(구장률, 「근대계몽기 소설과 검열제도의 상관성」, 『현대문학의 연구』 26, 한국문학연구학회, 2005, 6쪽). 일제는 1907년에 신문지법과 보안법을 시행했고, 1909년에 출판법을 통과시켰다. 출판법의 실제 시행은 1910년 5월 이후였다.

김유신, 김만중, 그리고 춘향, 한국인의 자유의지

사회적 차별이 극심하여 평등과 거리가 멀었던 전근대 한국에서는 누구도 자유로울 수 없었다. 그러나 그렇다고 모든 인민이 자신의 노예 상태를 순응하고 받아들였던 것은 아니다. 인간이라면 누구든 이런 처지를 가슴속으로부터 용납하지 않을 것이다. 평등을 보장하는 제도가 없다고 해서 평등을 향한 열망이 없는 건 아니었고, 자유를 허용하는 제도가 없다고 해서 자유를 향한 의지가 없지 않았던 것이다. 평등이니 자유니 하는 말이 없었기에 그것이 구현되는 구체적인 모습은 그리지 못했지만 이 땅에서 노예가 아니라 주인으로 대접받고자 하는 마음만은 간절했다. 여기서는 그 몇몇 경우를 살펴서 한국에 민주주의의 전통이 존재하지 않았다 하더라도 그 씨앗조차 없었던 것은 아님을 말하고자 한다.

전근대 한국인의 자유의지를 가장 잘 보여주는 인물로 김유신을 들 수 있다. 김유신은 신라 주변의 강국 고구려, 백제와 대치하면서 당나라를 끌어들여 먼저 백제를 멸망시켰다. 그런데 신라와 함께 백제를 함락시킨 당나라는 한반도 전체를 지배하고자 하는 야욕을 보였다. 태종무열왕 김춘추가 대책을 논의하며 걱정하자 김유신은 "개는 주인을 두려워하지만 밟으면 무는 법"이라며, 당나라의 패권은 인정하지만 무도한 도발에는 결코 굴복하지 않겠다는 결의를 밝혔다. 목숨을 걸고라도 자신이 자기 땅의 주인이라는 사실을 버리지 않겠다는 의지를 보여준 것이다. 신라군은 결국 현재 군산 앞바다인 기벌포에서 전쟁을 벌여 당군을 패퇴시켰다. 김유신은 당나라의 침략을 두려워하는 임금 앞에서 강대국에도 굴하지 않는 저항 의지를 당당하게 표출했다. 헤겔은 동양에서는 오직 한 사람만 자유롭다고 했는데, 신라에는 임금보다 더 자유로운 사람이 있었던 것이다. 원래의 「김유신전」을 편집하여 『삼국사기』에 올린 김부식도 이런 김유신의 모습을 영웅의 전형으로 높였다.

    자유는 기본적으로 다른 사람에게 의존하지 않는 데서 나온다. 주인에게 의존하면 노예가 되며, 의존할 주인이 없는 자가 자유인이다. 자유인은 독립한 삶을 살게 되며, 이는 나라도 마찬가지여서 독립을 잃은 나라는 노예국이 된다. 독립한 삶을 사는 자유인끼리는 당연히 평등한 관계를 유지한다. 김유신은 자유, 독립, 평등을 실존으로 증명한 대표적 역사 인물이라 말할 수 있다.

    김유신처럼 강자 앞에서 눌리지 않고 목숨을 걸고 자기 발언을 한 사람은 조선시대에도 드물지 않았다. 헤겔식으로 말하면 생명을 얻은 대신 자유를 잃은 노예가 아니라 자유를 지키기 위해 목숨을 내놓은 사람들이다. 조식, 박태보, 김만중 같은 인물은 죽음을 두려워하지 않고 임금에게 직언을 날렸다. 평소 칼을 차고 다닌 선비로 알려진 조식은 그 겉모습처럼 내면 또한 날카로웠는데, 1555년 명종에게 올린 상소에서 어린 임금과 8년이나 수렴청정을 하며 권력을 강화한 대비를 각각 '고아'와 '과부'라 칭하면서 임금의 정치가 이미 나라를 망쳤다고 말했다.[48] 또한 숙종의 심문을 받으면서 인두로 몸을 지지는 모진 고문을 당해도 왕비를 폐위한 임금의 잘못을 지적한 박태보는 이미 그 행적이 소설로까지 만들어졌으니 더 말할 것이 없다. 한 남자와 여덟 여자의 사랑을 그린『구운몽』의 작가 김만중 또한 임금 면전에서 죽음을 각오하고 직언했다. 김만중은 장희빈에 빠져 정상적인 정치를 펴지 못하는 숙종에게 "후궁 장씨의 어미가 평소 조사석의 집과 친밀하여, 조사석이 정승에 임명된 것도 이 길을 따른 것이라고, 온 나라 사람들이 말하고 있습니다. 그런데도 유독 전하만 이를 듣지 못하십니다"라고 직언했다. 임금이 장희빈을 총애하였는데 조사석과 가까이 지낸 장희빈의 어머니가 딸에게 조사석의 승진을 부탁하여 그가 정승이 되었다는 말이다. 후궁의 사적인 청을 듣고 국가 최고 요직의 임명을 행한 임금

---

48 『명종실록』 1555년 11월 19일 조.

의 잘못을 대놓고 지적한 것이다.[49] 김만중은 죽은 왕비의 삼촌이었지만 국가 최고 권력자인 임금에게 인친은 그리 중요하지 않다. 아무리 김만중이어도 죽음을 각오하지 않고는 할 수 없는 말이었지만 그는 주저하지 않았다. 임금의 진노는 보지 않아도 알 일이다.

　권력에 굴종하지 않는 태도는 『구운몽』의 주인공 양소유에게서도 나타난다. 양소유는 황제가 공주와 결혼하라고 강요하자 이를 거부하다가 감옥에 갇힌다. 조선 후기를 대표하는 소설들은 거의 인간의 자유의지를 그리고 있는데, 『춘향전』이 그 대표적인 예다. 춘향은 수청 들라는 신관사또의 요구를 거부하고 감옥에 갇혔다. 기생인 춘향은 당시 사회에서 인간으로 대접받지 못한 미물에 불과했는데, 목숨을 걸고 관장에게 저항했다. 이 밖에 전근대 한국인의 자유의지를 선명히 드러낸 작품으로, 작품의 연원이 조선 전기까지 소급되는, 설화적 소설 『최치원전』을 들 수 있다. 소설에서 최치원은 어릴 때 남의 집 종살이를 하면서도 신라 왕에게 당당히 자기 의견을 낸다. 그뿐 아니라 당나라에 가서는 면전에서 황제를 꾸짖고 훈계하는 모습까지 보인다. 전근대 한국에 자유 개념이 없었고 최소한의 자유조차 보장되지 못했지만 상상의 세계에서는 자유의지가 충만했던 것이다.

　앞에서 든 김유신, 조식, 박태보, 김만중 등의 인물이나 『구운몽』

49　『숙종실록』 1687년 9월 11일 조.

『춘향전』『최치원전』 등의 이야기는 당시 사람들에게 두루 알려졌다. 그만큼 전근대 한국인들은 인간의 자유의지에 깊이 공감했다. 현실에서는 차별이 극심했고 자유라고는 털끝만큼도 없었을지라도 역으로 자유에 대한 갈망은 넘쳐났다. 이런 자유의지는 미래 한국인의 자유를 위한 씨앗이고 민주주의의 싹이다. 전근대 한국인의 자유를 향한 갈망은 모든 사람을 하늘처럼 섬기라고 주장하는 동학에 이르러 최고 수준에 이르렀다.

차별에 대한 강력한 저항, 동학의 평등사상

한국은 오랫동안 차별 사회였지만 그래도 민주주의가 이 땅에 소개되기 직전에 아래로부터의 평등사상이 널리 퍼져나갔으니 그 중심에 동학이 있다. 동학은 1860년 교주 최제우의 깨달음으로 시작되었는데 이 무렵에도 차별은 한반도에서 일상이었다. 한 예로 황해도 사람인 김구 선생이 쓴 『백범일지』의 한 부분에서 경상도 풍속을 소개하는데, 경상도에서는 백정이 길을 갈 때 도중에 사람을 만나면 남녀노소를 막론하고 반드시 길 아래로 내려가서 "소인 문안드리오" 하고 인사한다고 했다.[50] 옛날 시골길은 두 사람이 스쳐 지나가기도 좁은 길이 적지 않다. 그런 길에서 사람을 만나면 한 사람은 길을 피하거나 비켜서야 하는데 길 아래는 논밭이나 도랑인 경

---

50 김구, 도진순 주해, 『백범일지』, 돌베개, 1997, 148~149쪽.

우가 대부분이다. 그런 길에서 백정은 함께 길을 사용하지 못하고 아래로 내려가야 했다는 것이다. 길 아래는 디디고 서기 불편한 비탈이거나 신발과 옷까지 다 젖을 진창이기 일쑤니 그 아래에 선 백정들은 얼마나 서러웠을까. 살짝만 비켜서도 서로 지나갈 수 있을 텐데 자기보다 신분이 높다고 천하의 공물公物인 도로조차 나누어 쓰지 않으려 했으니 얼마나 가혹한가. 경상도 백정들의 처지가 다른 곳보다 더 열악해서 이런 기록을 남겼겠지만, 이런 식의 비참한 차별은 신분뿐만 아니라 남녀, 그리고 적자와 서자 등 다양한 방식으로 조선에 만연했다.

조선 후기로 가면 부당한 차별을 무너뜨리려는 집단적 움직임이 나타나니, 먼저 천주교를 들 수 있다. 18세기 말 천주교가 조선에 들어왔을 때 하층민 사이에서 신자가 폭발적으로 늘어났다. 차별이 적은 천주교 공동체의 성격이 교세의 확장에 큰 영향을 끼쳤다.[51] 나중에 순교자가 된 백정 황일광은 자기에게는 두 개의 천국, 곧 지상의 천주교 공동체와 하늘이 있다고 말했다. 일부 지역에서 길도 나누어 쓰지 못할 정도로 차별을 받았던 백정이 천주교 공동체 내에서는 양반과 한방에 앉을 수 있었으니 그가 천주교에 대해 얼마나 감격했을지 짐작할 수 있다.

차별에 대한 가장 강력한 저항은 동학에서 나타났다. 동학은 모든

---

51 조선 후기 천주교 전래에 대해서는 정병설, 『죽음을 넘어서—순교자 이순이의 옥중편지』, 민음사, 2014 참조.

사람이 하늘을 모시고 있다는 시천주侍天主 사상을 핵심에 두었다. 사람이 모두 하늘을 모시고 있다니 사람이 곧 하늘인 것이다. 제2대 교주 최시형에 이르러서는 사람을 하늘처럼 섬기라는 사인여천事人如天의 사회사상으로 더욱 명확히 표현되었고, 이어서 하늘과 사람은 물론 모든 동식물까지 공경하라는 경천敬天, 경인敬人, 경물敬物의 사상으로 공경의 범위를 확장했다. 경물의 사상은 구체적으로는 이천식천以天食天 곧 '하늘로서 하늘을 먹는다'는 이해하기 쉽지 않은 말로 표현되었다. 인간의 삶에서 먹는 것만큼 중요한 일이 없으니 먹는 주체나 먹히는 객체나 모두 소중한 존재임을 명심하라는 말로 해석된다. 먹히는 객체로서의 물까지 공경하는 최시형의 사상에서 경인을 넘어서서 경물로 나아간 것이 중요한 이유에는 또다른 뜻도 있는 듯하다. 사람에 대한 인식이 시대에 따라 지역에 따라 사람에 따라 같지 않으니, 같은 사람이건만 어떤 사람은 노비를 또 기생을 사람으로 보지 않았다. 사람으로 보지 않았기에 사고팔기도 했고 쉽게 성희롱을 하고 또 죽이기도 했다. 이런 상황에서 경물을 말한다면 어떤 인간도 함부로 죽일 수 없다. 사람은 물론 동물이라고 해도 함부로 다루어서는 안 되기 때문이다. 천주교와 동학은 이렇게 하여 차별적 조선 사회에서 무차별의 평등사상을 퍼뜨렸다.

만물을 하늘로 섬기는 동학에서 그 작은 일부인 인간이 차별의 대상이 될 리 없다. 최시형은 어떤 사람이 찾아왔다는 말을 듣자 알린 이에게 '사람이 왔다'고 말하지 말고 '하느님이 내려오셨다'고 말하라고 했다. 아마 알린 이가 찾아온 사람을 무시하는 태도로 최시형에게 전했던 모양이다. 어떤 사람이든 하늘처럼 존중받아야 함을 힘주어 말한 것이다. 실제로 최제우는 서자였고, 최시형은 조실부모하여 머슴살이를 했으니 노비와 다를 바 없는 신세였다.[52] 동학은 당시 세계 중심 문명에서 가장 먼 곳인 조선에서, 조선에서도 서울이 아니라 서울에서 멀리 떨어진 경주에서, 경주에서도 지방 양반도 못된, 극심한 차별을 받았던 양반의 서자가 창도한 종교다. 그를 이은 제2대 교주 역시 경주 출생으로 더 낮고 열악한 출신의 인물이다. 조선 사회에서 가장 심하게 차별받던 사람이 동학의 교주였으니 그 내부에서 인간 사이의 차별을 도저히 받아들일 수 없었던 것이다.

한번은 최시형이 낮은 신분의 사람에게 교단 내의 중책을 맡겼더니, 어떤 사람이 이 부분에 대해 이의를 제기했다. 이에 최시형은 "적자와 서자의 차별은 집안을 망치는 근본이고, 양반과 상놈의 차별은 나라를 망치는 근본"이라고 하면서 결단코 동학 내에서 신분의 차별이 있어서는 안 된다고 말했다. 동학의 무차별 사상은 구체적인 실천으로도 이어졌다. 동학에서는 양반이든 하층민이든 남성이든 여성이든 어른이든 아이든 모두 존엄한 존재였다. 이런 무차별의 동학으로 노예가 아니라 주인이고자 하는 모든 조선 사람들이

---

52   최시형을 이어 천도교를 연 제3대 교주인 손병희 역시 서자다.

몰려왔다.

　최시형은 안정된 부부관계를 가장 중요한 교리로 제시했고夫和婦順吾道之第一宗旨也, 부인이 가정의 주인婦人一家之主也이라고도 말했다. 여성 차별 또한 결연히 반대한 것이다. 하루는 최시형이 어떤 집에 들어가면서 베 짜는 소리를 듣고는 집주인에게 누가 베를 짜고 있느냐고 물었다. 집주인이 며느리라고 답하자 며느리가 아니라 하느님이라고 말하라고 가르쳤다. 당시 사람들은 이 짧은 일화가 무엇을 뜻하는지 맥락을 쉽게 이해했겠지만 요즘 사람들은 이해하기가 쉽지 않다.

　당시의 정황을 짐작하여 말하면, 최시형은 아마도 늦은 밤에 어떤 집에 들어가면서 베 짜는 소리를 들은 듯하다. 그 집의 다른 사람들은 다 쉬고 있는데 홀로 베를 짜고 있다면 그 주인공은 필시 며느리라 짐작했을 것이다. 당시 조선에서 며느리는 '문서 없는 종'으로 낯선 시가에 와서 배고픔을 견디며 고된 노동에 시달리기 일쑤였다.「시집살이노래」등에 외롭고 고단한 며느리의 삶이 잘 그려져 있다. 동학에 입교는 했으나 아직 인간에 대한 존중을 배우지 못한 동학교도인 집주인은 자기 집 며느리가 늦은 밤 홀로 베를 짜는 걸 당연시했지만 최시형은 그러지 않았다. 며느리도 하느님과 같이 존귀한 존재인데 홀로 차별을 받아서는 안 되었다. 그래서 주인에게 베를 짜는 사람이 누구인지 물었고 예상대로 며느리라는 답이 돌아오자 당신이 동학을 따르려거든 차별받는 며느리부터 하찮은 사람

177

으로 보지 말고 하느님처럼 잘 섬겨 대접하라고 가르친 것이다.

최시형은 또한 아이를 때리는 것은 하느님을 때리는 것과 다르지 않다며 아이를 절대 때리지 말라고 가르쳤다. 어린이날 제정도 동학과 긴밀히 연관되어 있으니, 방정환은 최시형의 동학을 이어받아 천도교로 개창한 제3대 교주 손병희의 사위이자 천도교인이다.

동학은 인간이 존중받는 사회를 위해 저항하고 투쟁했다. 1871년 동학교도 이필제는 탐관오리 처벌과 사형당한 교조 최제우의 억울함을 풀어달라는 요구를 내세우며 민란을 일으켰다. 이 첫번째 저항은 실패로 끝났으나 동학은 저항을 멈추지 않았다. 1890년대 초부터 다시 교조신원운동을 본격적으로 전개했는데, 공주, 삼례, 김제, 보은 등지에서 대규모 집회를 이어갔다. 선무사 어윤중은 보은에서 열린 동학의 대집회를 보고 서양의 민회에 견주기도 했다.[53] 수만 명의 조선 백성이 모여서 자신의 정치적 의견을 개진했으니 민주주의의 중요한 한 축인 민회처럼 보였던 것이다. 이 힘이 1894년 갑오년의 동학농민전쟁으로 연결되었다.

당시 동학의 교세를 정확히 밝힐 수는 없지만 1894년 말을 기준으로 이미 삼백만 명 이상으로 추산할 정도였다.[54] 20세기 초에도

---

53 박맹수, 『생명의 눈으로 보는 동학』, 모시는사람들, 2014, 52쪽.
54 村山智順, 『朝鮮の類似宗敎』, 朝鮮總督府, 1935, 54쪽. 1894년 말을 기준으로 삼아 초토사 홍계훈의 상소에 나오는 한 포(包)당 인원이 수천 명에서 수만 명에 이른다는 진술을 바탕으로 한 포당 인원을 대략 만 명으로 잡아 『천도교회사』와 김상기의 『동학과 동학란』에 나오는 339곳의 기포처를 곱하여 대략 삼백만으로 추산했다. 1922년 간행된

조선 인구가 채 이천만 명이 못 되었으니, 극심한 탄압을 받던 종교에 정식으로 등록한 인원이 이 정도라면 마음으로 동학을 받아들인 사람은 거의 한반도 하층민 전체라고 말해도 좋을 것이다. 민주주의를 알기 전에 이미 한국 사람들은 민주주의의 바탕이 되는 평등사상을 널리 공유하고 있었던 셈이다.

비록 동학농민전쟁은 조선 조정에서 외세를 불러들이는 바람에 패하고 말았지만, 인민들의 자유의지까지 무너지지는 않았다. 갑오년의 농민전쟁은 곧이어 나타난 독립협회의 설립과 만민공동회의 조직으로 연결되었다. 1898년의 만민공동회는 총칼을 들지 않은 또 다른 인민전쟁으로, 서울의 한가운데인 종로에 만여 명의 인민이 모여 정치의 변혁을 촉구했다. 만민공동회는 한반도에서 민주주의의 출발을 알리는 대사건으로 평가받고 있다.[55]

『朝鮮諸宗敎』(吉川文太郞, 朝鮮興文會, 344쪽)에서는 동학을 뿌리로 삼는 종교인 천도교 교인의 수가 "수년래 일반의 외관으로는 백만에 불과한 듯"하나 천도교 교단에서는 "삼백만 인이라 칭"한다면서 독립운동의 영향으로 일시 감소하던 것이 다시 회복됨으로 볼 때 "현금의 총 수는 적어도 이백만 인을 내리지" 않을 듯하다고 추측했다. 1920년 천주교를 포함한 기독교인의 수가 삼십만여(304,670) 명에 불과한 것을 보면(조선총독부 학무국 종교과, 『朝鮮に於ける宗敎の狀況』, 朝鮮總督府, 1921, 7쪽) 대단한 교세라 할 수 있다.

55 　최형익, 「한국에서 근대 민주주의의 기원—구한말 「독립신문」, '독립협회' '만민공동회' 활동」, 『정신문화연구』 96, 한국학중앙연구원, 2004, 207쪽에서 만민공동회가 민주주의적 근대 민권운동의 성격을 지니고 있다고 했고, 전인권, 「독립신문의 재해석과 한국의 사회과학」, 『독립신문 다시 읽기』, 푸른역사, 2004, 453쪽에서는 만민공동회 이래 한국 민주주의는 '직접민주주의의 방식'으로 진전해왔다고 했다. 만민공동회에 대해 더 일찍 적극적으로 의미를 부여한 김홍우(『한국 정치의 현상학적 이해』, 인간사랑,

이후 한국인은 일본 제국주의의 억압적 지배에 계속 저항했는데, 동학을 이은 천도교는 1919년 3·1운동의 주축이었다. 노예에서 벗어나 독립국가의 주인이 되고자 한 수많은 한국인이 독립운동에 목숨을 던진 결과 한국은 광복을 맞이했고, 이는 1960년의 4·19혁명과 이후의 민주화운동으로 이어졌다. 독립국의 시민이 된 한국인이 자기 나라에서 노예 되기를 거부하고 투쟁한 것이 민주화운동인데 그 뿌리에 동학이 있었다고 말할 수 있다.[56]

2007, 제3부 제2장 「한국 사회과학론의 화두로서 독립신문」)는 만민공동회 개최의 단초가 된 독립신문을 한국사회과학론의 화두로 삼아야 한다고 주장했다. 독립협회와 만민공동회의 역사에 대해서는 신용하, 『(신판) 독립협회 연구(상,하)』, 일조각, 2006 참조.
56 동학의 역사와 의의에 대한 좀더 자세한 논의는 정병설, 『나의 문학 답사 일지』, 문학동네, 2023의 한 장인 「동학 기행, 인간이 하늘인 세상」 참조.

노예근성과 주인정신

전근대 한국은 평등이 없는 차별 사회였고 따라서 개인의 자유는 억압되었다. 이런 열악한 상황에서도 자유의지는 뜨거웠으니 19세기 후반에는 평등의식도 널리 퍼져나갔다. 그렇지만 자유와 평등을 향한 강한 열망에도 불구하고 자력으로 민주주의에 이르지는 못했다. 도대체 민주주의로 나아가기 위해서는 무엇이 더 필요했을까? 결론을 먼저 말하면 주인정신, 독립정신이 부족했으며, 뒤집어 말하면 노예의식에서 완전히 벗어나지 못했다.

정치학자 최정운은 『한국인의 탄생』에서 『춘향전』을 분석하며 춘향이 인간으로서 자신의 존엄에 대해 확신을 가졌다면서도 이는 인권의식과는 전혀 다른 개념이라고 했다.[57] 춘향은 자신이 존엄하다

---

57   최정운, 『한국인의 탄생』, 미지북스, 2013, 61쪽.

고 확신했음에도 불구하고 그 존엄성이 자신이 누려야 할 당연한 권리로 이어진다는 생각에까지 이르지는 못했다는 것이다. 더욱이 자신이 존엄한 만큼 다른 사람도, 나아가 인간이면 모두 존엄한 존재로 대접받아야 한다는 보편적 인식으로 나아가지는 못했다. 한편 동학은 인간이 모두 하늘이라고 말하며 더욱 진보된 인권의식을 보여주었으나 시민이 공동체의 주인으로서 통치권까지 가져야 한다는 정치론으로까지 이어지지는 않았다. 춘향의 존엄성과 인권, 동학의 인권과 주권 인식 사이에는 넘기 어려운 단층이 존재했다.

동학을 이어받은 천도교의 대표적 이론가라고 할 수 있는 이돈화는 『수운심법강의』에서 "노예가 노예계급에 있는 것을 알 뿐으로만 계급의식이 되는 것이 아니오, 노예는 언제든지 노예이다 하는 계급의 고정불변한 폐해를 알고 그리하여 그 계급제도를 자기네의 손으로 개조치 아니하면 언제든지 노예상태를 불변하리라 하는 적극적 의식을 가리킨 말이다. 이 의식을 주입케 한 본가가 갑오동학이다. 갑오동학혁명의 가치는 순전히 이곳에 있다"라고 계급의식에 대해 설명했다.[58] 동학은 인민의 노예됨을 적극적으로 부정하고 개조하려고 한 사상이며 그 정점에 갑오동학혁명이 있다는 말이다.

동학이 종전과는 다른 한 차원 진전된 사회사상을 보여주었다는 데에는 학계에서 별다른 이견이 없는 듯하다. 하지만 정치사상 면

---

58 이돈화, 『수운심법강의』, 천도교중앙총부, 1924, 139~140쪽.

에서는 일정한 한계가 있었다는 것이 일반적인 견해다. 동학이 접과 포라는 조직을 통해 정치 참여를 했다는 점에서 '참여민주주의의 원형'이라고 보기도 하지만,[59] 원형이라는 말로 짐작할 수 있듯 참여민주주의를 이루었다고 이해하지는 않는다. 동학사상에는 인민이 주체적으로 정치에 참여해야 한다는 생각까지는 없었다. 제2대 교주인 최시형의 어록을 모은 『해월신사법설』에는 '임금은 법을 만들고 대부大夫는 그것을 집행하며 인민들은 각자의 일을 맡아서 해야 한다'는 식의 분업적 직분관이 드러나니, 인민의 직접적 정치 참여는 고려하지 않았던 것이다. 인민을 노예 상태에서 벗어나게 하려는 자유를 향한 혁명관이 동학에 깔려 있었고 그 자유는 차별을 부정하는 평등의 사상과 연결된다는 점에서 멀리 있는 민주주의를 향해 가는 첫발을 뗀 셈이라 이해할 수 있으나 아직 인민의 지배라는 민주주의 사상의 본령에까지는 이르지 못했다.

차별을 넘어서서 자신의 노예됨을 부정하는 것에서, 한 걸음 더 나아가 자신이 공동체의 주인이자 지배자라는 생각에 이르는 길에는 한 차례 도약이 필요하다. 자기 부정의 단계와 적극적 자기 인정의 단계는 논리적 연관성이 있지만, 진행과정에 필연성이 있다고 할 수는 없다. '나는 노예가 아니야'에서 '바로 내가 주인이야'의 단계로 올라가자면 반드시 한 차례 도약이 필요하다.

---

59   오문환, 『동학의 정치철학―도덕, 생명, 권력』, 모시는사람들, 2003, 285쪽.

한국은 근대 이후 서양으로부터 민주주의를 받아들이고, 광복 이후 새 나라를 만들면서 헌법을 통해 민주공화국을 표방했으나 오랫동안 독재에서 벗어나지 못했다. 제1공화국부터 이승만 독재였고 4·19민주화혁명으로 민주주의의 길을 열었으나 박정희의 쿠데타로 군사독재가 시작되었다. 독재정권하에서 시민의 자유로운 발언은 크게 제약을 받았고 긴급조치니 계엄선포니 공포 정치가 이어졌다. 인민혁명당 사건처럼 국가가 간첩 사건을 조작하고 사법부를 동원하여 무고한 시민에게 사형을 선고하기도 했다. 마침내 자기희생을 무릅쓴 고귀한 민주화투쟁이 성과를 거두어 1993년 문민정부인 김영삼 정권이 들어섰고 이어 오랜 보수 여당 집권의 종지부를 찍고 김대중 노무현의 진보 정권이 집권했다.

삼십 년 군사독재는 독재자와 군부 엘리트의 통치였고, 군사독재가 무너진 다음에는 군부를 대체하여 문민 엘리트 통치가 시작되었다. 진시원과 홍익표는 『왜 시민주권인가?』라는 책에서 한국의 민주주의를 인민 모두가 아니라 소수 엘리트 중심의 '그들만의 민주주의'라고 명명했다.[60] 선출된 정치인과 신 법복귀족이라 할 법률가들이 엘리트 통치의 주역으로 새롭게 부상했다. 지배 엘리트가 시민을 정치의 동반자로 생각하면 좋겠지만 옛 체제와 제도는 여전히 이를 허용하지 않는다. 통치의 주역이어야 할 시민이 주인 노릇

---

60 진시원, 홍익표, 『왜 시민주권인가?』, 부산대학교출판부, 2016, 10쪽.

을 못 하는 것이다. 민주공화국 대한민국이 건국된 이후 시민들의 민주의식은 강해졌지만 법과 제도는 아직 시민의 주인됨을 뒷받침하기에 크게 부족하다. 이제 민주주의를 향한 제2의 도약이 필요하다. 동학과 만민공동회에서 민주주의를 향한 한 차례의 도약이 이뤄졌다면, 권위주의 독재체제를 겨우 넘어선 소극적 민주주의에서 시민이 공동체의 진정한 주인이 되는 적극적 민주주의를 향해 다시 한번 도약해야 한다.

진정한 민주주의의 길은 멀다. 아직도 자유가 무엇인지 평등이 무엇인지도 모르면서, 또 민주주의의 기본과 본질이 무엇인지도 모르면서 민주주의의 종착역에 도달한 것처럼 말하는 사람이 적지 않다. 우리는 온전한 자유를 누려보지 못했기에 아직 자유를 몸으로 느끼지 못한다. 동학사상 등으로 보면 한국인은 상당히 평등지향적인 것처럼 보이지만, 다른 측면에서 보면 평등에 대한 부정적 감정이 상당하다.

박권일은 『한국의 능력주의』에서 한국인이 불평등은 참아도 불공정은 못 참는다고 했다. 한국인의 반평등 사유는 1981년부터 2020년까지 총 7차에 걸쳐 진행된 로널드 잉글하트와 크리스찬 웰젤이 주도하고 각국의 사회과학자들이 협력하여 만든 '세계가치관조사 World Values Survey'에서 극명히 드러난다. 이 조사에서 평등과 관련해서 "소득이 평등해야 한다고 생각하는가, 아니면 (노력 등에 따라) 더 차이가 나야 한다고 생각하는가?" 하고 묻는데, 한국은 미국, 독일은 물론 일본과 중국에 비해서도 소득 불평등의 지향을 강하게 드러내고 있다.[61] 능력 등에 따라 소득이 불평등해져도 이를 당연하게 보고 더 차이가 나도 좋다고 여기는 것이다. 능력에 따른 불평등을 인정한다 해도 그 격차를 어느 정도까지 인정할지는 다른 문제다. 능력이 있으면 집과 차를 수백 채 수백 대 가지고 굴려도 좋고 능력이 없으면 굶어죽어도 상관없다는 식은 아닐 것이다. 공동체 구성원의 기본권, 생명권은 그 누구라도 존중받아야 한다.

왜 시민이 자유로워야 하는지, 자유로워지려면 경제적 수준은 물론 사회적 지위에 있어서도 왜 평등이 필요한지를 철저히 자각하지 않으면 민주주의로 가는 길은 쉽지 않다. 자기 재산을 마음대로 처분하는 것을 자유라고 여기고, 권력자는 시민들의 뜻과 무관하게 자기 마음대로 판단하고 행동하는 것을 자유로 생각한다면, 이것은 반공동체적 경제체제와 독재에 봉사하는 사상에 불과하다. 자기 자신만의 자유를 사회 전체의 자유로 착각해서는 민주주의가 될 수 없다. 자유란 타자에게 의존하지 않고 독립적으로 사유하고 표현하며 판단하고 행동하는 것을 가리킨다. 누구에게 의존하지 않고 독

---

[61] 박권일, 『한국의 능력주의』, 이데아, 2021, 176~178쪽. 설문에 대해 1점부터 10점까지 점수를 부여하여 택하게 하는 식으로 조사가 이뤄졌는데, 중간치인 5점과 6점을 빼고, 1점에서 4점은 평등 지향으로 7점에서 10점 사이는 불평등 지향으로 간주하여 계산했더니, 한국 평등 23.5, 불평등 58.7, 일본 평등 28.6, 불평등 25.1, 중국 평등 52.7, 불평등 25.8, 미국 평등 29.6, 불평등 26.2, 독일 평등 57.7, 불평등 14.6 등으로 나타났다. 한국의 불평등 지향이 다른 나라에 비해 두 배 이상 높음을 확인할 수 있다.

립한 삶을 지향하는 주인으로서의 자유 시민 없이 민주주의는 성립할 수 없다.

한국은 노예의 역사가 오랜 만큼 일상에서 은연중에 노예의식에 포박된 부분이 작지 않다. 스스로 당당히 공동체의 주인으로 서려고 하지 않고, 잘난 사람, 아니 잘나 보이는 사람에게 의지하려는 경향이 강하다. 권력자나 전문가가 우리보다 훨씬 나을 것이라고 생각하고 부자와 재벌이 우리를 위해 일해줄 것이라고 믿고 그들에게 기대려고 한다. 또 과거시험을 통해 통치자를 뽑은 역사가 천 년이 넘어서인지 모르지만, 시험 점수가 높은 사람을 존숭을 넘어서서 지배자로 섬기려는 의식마저 갖는다. 누구에게 순종하고 복종하려는 생각은 그 자체가 노예근성이다. 노예 상태에서 벗어나 진정한 자유민이 되려면, 우리를 구속하는 노예의식부터 끊을 일이다.

시민을 노예로 부리는 한국의 지배 권력은 자신을 위해서라도 맹성이 필요하다. 노예 사회에서는 누구도 노예로부터 자유롭지 않다. 작은 권력을 가지고 다른 사람을 부린다고 주인이 되지 않는다. 자신이 다른 사람에게 부림을 당하지 않고 구속을 받지 않아야 주인이다. 조선 왕이 자유롭게 보이지만 온전한 자유를 누리지 못했던 것처럼, 오늘날 권력자와 재력가가 수많은 사람을 부린다 해서 자유인인 건 아니다. 그들 역시 자기보다 강한 사람, 그리고 무엇보다 돈과 권력의 노예이기 때문이다. 자신의 자유가 소중하다면 타인의 자유도 소중히 여겨야 한다. 이를 명심하지 않으면 노예 사회에서 설사 자신은 비교적 자유롭더라도 후손은 반드시 노예가 될 것이다.

『그리스인 조르바』의 작가 니코스 카잔차키스의 묘비에는 다음과 같은 말이 새겨져 있다. "나는 아무것도 원하지 않는다. 나는 아무것도 두렵지 않다. 나는 자유다."

동아시아 민주주의 비교론

한국의 민주주의는 일국의 문제이기도 하지만, 동시에 세계 민주주의의 일부다. 세계에 민주주의가 널리 퍼지고 안정될 때 한국의 민주주의도 쉽게 정착할 것이다. 사정이 여의치 않아서 세계의 민주주의가 위태로운 상황이라면 한국이 선도하는 것도 보람된 일이다. 특히 주변국의 민주주의는 서로 깊은 영향을 주고받을 수 있으니, 우리는 중국과 일본의 민주주의 역사와 현황에 대해 주목할 필요가 있다.

현재 중국은 현대 민주주의의 최소 요소라고 할 수 있는 경쟁적 선거제도조차 갖추지 못했다. 중국 헌법에서 최고 국가권력기관이라고 말하는 전국인민대표회의의 구성부터 인민의 직접선거가 아니라 각 단위의 간접선거에 의하고 있다.[62] 더욱이 권력의 정점에 있는 국가주석에 대해서는 2018년 연임을 제한한 헌법 조항을 바꾸어 종신집권의 길을 열었다. 이때 개헌안의 표결에도 비밀투표가 보장되지 않았으며, 2964명 위원 중에 찬성 2958표, 반대 2표, 기권 3표, 무효 1표가 나왔다. 중국은 실질적으로는 일인독재체제라 할 수 있으나 공식적으로는 인민민주독재를 표방하고 있다. 일인독재의 근간이 되는 공산당 일당독재는 종전에는 극소수 혁명원로와 그 자손에 의한 과두지배였다. 이러한 과두지배는 1989년의 천안문 항쟁과 2014년 홍콩의 민주화운동 등 민주주의를 향한 중국 인민들의 시도가 좌절하면서 마침내 일인독재에 이르렀다.

일본은 민주주의 면에서 볼 때 동아시아에서 가장 앞선 국가였다. 그런데 제도적 측면에서는 천황제를 빼면 가장 건전하고 앞선 민주주의인 듯하나 정치문화의 측면에서 보면 민주주의라고 부르기에 주저되는 부분들이 있다. 실질적 일당독재와 세습정치 때문이다. 태평양전쟁 종전 이후 가장 오래 일본의 여당으로 있었던 자민당 곧 자유민주당은 1955년 창당 이래 1993년에서 1996년까지 2년 5개월, 2009년에서 2012년까지 3년 3개월, 총 6년이 못 되는 기간을 제외하고 근 칠십 년 중에 90퍼센트 이상의 기간을 집권했다. 일본은 실질적으로 자민당 일당우위체제,[63] 심하게 말하면 일당독재에 가깝다고 할 수 있다. 또 일본은 전체 의원의 절반 이상이 세습 정

62　이계희, 『현대 중국정치 — 제도와 과정』, 충남대학교출판문화원, 2012, 83쪽.
63　이주경, 「일본 정치 시스템의 과제와 신진정치가의 대응」, 『현대정치연구』 13-1, 서강대학교 현대정치연구소, 2020, 42쪽.

치인으로 이는 민주주의 국가에서는 유례를 찾기 힘든 수준이다.[64] 민주주의라기보다 정치 엘리트에 의해 지배되는 귀족정에 가깝다. 귀족 정치인이 의원이 되어 정당의 핵심 권력으로 자리를 잡으니 정당의 지배구조가 거의 바뀌지 않는다. 이러한 현실이 지속되면서 시민들은 정치 변혁의 기대를 저버렸고, 이는 다시 낮은 투표율로 이어져 민주주의를 향한 정치혁명의 꿈을 접게 했다. 저명한 문학평론가인 가라타니 고진은 시민의 데모가 없는 일본을 일종의 전제국가라 말했다.[65] 특정 집단에 의해 통치되는데도 시민의 정치적 목소리가 들리지 않으니 그렇게 본 것이다.

동아시아에는 민주주의의 전통이 없다. 수입된 민주주의가 정착하려면 오랜 시간과 각고의 노력이 필요하다. 동아시아에서는 민주주의의 본뜻부터 오랫동안 잘못 이해했다. 일본에서 루소의 『사회계약론』을 처음 본격적으로 소개한 것으로 유명한 나카에 초민은 『삼취인경륜문답三醉人經綸問答, 1887』이라는 정치 논설서에서 저자의 목소리를 대변하는 것으로 보이는 남해선생이라는 등장인물의 입을 빌려서 민권을 회복적恢復的 민권과 은사적恩賜的 민권의 둘로 나누어 설명했다. 회복적 민권이란 영국, 프랑스에서 볼 수 있는 것처

---

64 이상훈, 「일본의 세습정치」, 『일본연구』 40, 한국외국어대학교 일본연구소, 2009, 47쪽.
65 가라타니 고진 지음, 고아라시 구하치로 들음, 조영일 옮김, 『정치를 말하다』, 도서출판b, 2010, 157쪽.

럼 밑에서 시민들이 적극적으로 싸워서 얻은 민권이고, 은사적 민권은 권력자가 위에서 내려주는 민권이라 했다. 시민의 주권을 지배자가 줄 수 있다는 생각부터 특이한데, 그는 천황이 준 은사적 민권을 받아들여서 차차 민권이 신장하면 결국 회복적 민권으로 나아갈 수 있을 것으로 여겼다.[66]

천황제를 채택한 메이지정부는 자유민권론자들의 의견을 받아들여서 1889년 대일본제국헌법을 선포했고 이듬해인 1890년에는 국회를 열었다. 이로써 외형적으로 일본은 영국과 같은 입헌군주제 국가가 된 것처럼 보였으나, 대일본제국헌법 제1조에서 "대일본제국은 만세일계萬世一系의 천황이 통치한다"고 밝혔으니 실질을 보면 국민이 아닌 천황에게 주권이 있는 전제군주제였다. 그러니 헌법의 선포 형식도 천황이 국민에게 하사下賜하는 식이었다. 시민의 주권을 천황에게 받을 수 있다고 생각했으니 국가의 주인으로서의 시민의 민주주의는 좀처럼 올 수 없었다.

일본의 민주주의가 한 걸음 진전되었다고 평가되는 20세기 초의 이른바 다이쇼大正 데모크라시 시기에도 일본 민주주의의 수준은 근본적으로 개선되지 않았다.[67] 다이쇼 데모크라시의 이념적 지도자

---

66 나카에 초민, 연구공간 '수유+너머' 일본근대사상팀 옮김, 『삼취인경륜문답』, 소명출판, 2005, 130~131쪽.
67 헌법은 물론 국회를 봐도 사정이 다르지 않은데, 1890년에 개설된 국회는 실질적으로 원로들이 지배했고 1918년 이후에야 선거를 통해 다수당이 집권하는 책임내각제가 실시될 수 있었다. 한정선, 「일본에서 민주주의의 형성과 변천—전전(戰前) '민본주

라 할 수 있는 요시노 사쿠조^{吉野作造}는 데모크라시의 번역어로 민본주의를 채택했는데,⁶⁸ 데모크라시를 본뜻 그대로 시민이 주인이 되는 '민주'가 아니라 시민을 근본으로 삼는 '민본'으로 택한 것은 주권이 여전히 천황에 있었기 때문이다. 일본이 선언적으로라도 천황주권설에서 벗어난 것은 1946년에 공포된 일본국헌법에 이르러서다. 미군정하에서 만들어진 이 헌법의 제1장 제1조는 "천황은 일본국의 상징이자 일본 국민 통합의 상징이며, 이 지위는 주권이 존재하는 일본 국민의 총의에 근거한다"인데 이로써 모호하게나마 국민주권을 말할 수 있었다.

동아시아 민주주의의 선도자라 할 수 있는 일본의 민주주의 이해와 수용의 수준이 이러하니 한국과 중국의 사정이 일본보다 크게 나을 리 없다. 조선이나 청나라는 멸망하기 전까지는 진보적 지식인들조차 민주주의나 공화정을 함부로 말할 수 없었고 기껏 나아간 것이 군^君과 민^民의 공치^{共治}였다.⁶⁹ 량치차오^{梁啓超}가 그랬고 이승

의'부터 전후(戰後) '민주주의'까지」, 『역사와현실』 87, 한국역사연구회, 2013, 107쪽.
68   한정선, 「타이쇼민본주의 재평가─요시노 사쿠조와 신자유주의를 중심으로」, 『동양사학연구』 87, 동양사학회, 2004, 227쪽.
69   량치차오의 『음빙실자유서飮氷室自由書』(강중기, 양일모 외 옮김, 푸른역사, 2017)에 실린 「초야에서 올린 직언草茅危言」(46~54쪽)은 후카야마 도라타로가 편집한 『아동시보亞東時報』 제3호(1898년 상하이 발행)에 실린 글을 설명을 달아 수록한 것인데, 이 글은 '민권' '공치' '군권'의 세 편으로 이루어져 있다. 량치차오는 이 글이 "중국이 당면한 병폐에 적합한 처방"이라고 하였는데, 민권과 군권의 공치를 가장 바람직한 정치체제로 주장했다.

만도 마찬가지였다. 이승만은 『독립정신』에서 정치체제를 전제정치, 헌법정치, 민주정치로 나누며, 전제정치는 청산되어야 하지만, 피지배 백성이 스스로 지배하는 민주정치는 조선의 현실에서 상상할 수 없으니, 군주라 할지라도 법의 지배를 받는 헌법정치가 적합하다고 보았다. 미국식 민주주의로 가기에는 현실이 여의치 않다며 입헌군주국으로의 개혁을 주장한 것이다.[70]

일본과 달리 한국과 중국은 군주가 인민이 제시한 타협적 개혁안을 받아들이지 않고 멸망하였다. 이로 인해 새로운 나라를 구상하고 건설할 때 더이상 군주제는 고려 대상이 되지 않았다. 1919년 대한민국 임시정부 임시헌장선포문에도 군주제는 일절 언급이 없고 바로 '민주공화'를 내세웠다. 그러나 민주공화를 말했다고 시민이 주인이 되는 민주주의를 상상한 것은 아니었다. 요시노 사쿠조가 말한 민주주의의 번역어로서 민본주의는 한국에서도 1920년부터 조선일보, 동아일보 외에 『개벽』 등 잡지에서 곧잘 만날 수 있다.[71] 민주주의를 민본주의와 혼동한 것은 중국도 마찬가지이니, 1905년에 처음 발표되고 1924년에 정리된, 중화민국의 대표적인 정치이

---

[70] 이승만, 『독립정신』(우남 이승만 전집 1), 연세대학교 대학출판문화원, 2019(원저 1910), 108~113쪽.
[71] 『개벽』 제1호(1920)에 실린 현파(玄波)의 「데모크라시의 약의(略義)」에는 "'데모크라시'를 민본(民本)이라 운(云)하고 민주라 운치 안이한 인(人)과 우(又) 그를 민본과 민주의 이종(二種)으로 구별하야 본 사람이 잇스냐"라고 말하면서 민본을 "인민에게 의한 정치"가 아니라 "인민을 위하는 정치"의 사상이라고 했다.

념이라고 할 쑨원의 삼민주의에 그렇게 나타난다. 민족, 민생과 함께 민주주의의 개념으로 거론된 민권을 설명하면서 민본사상을 거론한 것이다. 동아시아에서 시민이 주인인 민주주의에 대한 개념은 순탄하게 발달하지 못했다.

동아시아의 민주주의는 수입 초기부터 제 길을 찾지 못했으니, 아직도 민주주의의 본뜻을 제대로 알지 못한다. 천황제의 압력 아래에서 회복적 민권에 이르지 못한 일본은 아직 민주주의의 토대를 굳게 세우지 못하고 있다. 일본론으로 유명한 인류학자 루스 베네딕트는 『국화와 칼』에서 천황을 정치에 관여하기도 하고 관여하지 않기도 하는 신성 수장으로 보았다.[72] 천황을 대하는 일본 사회의 행태를 보면 엄격한 종교 국가에서의 신과 유사하니, 천황은 신과 마찬가지로 현실적 권력은 아무것도 없지만, 그를 구심으로 삼아 막강한 현실 권력이 형성되어 있다. 천황을 중심에 둔, 일본주의로 불리는 일본의 국가주의는 다른 나라의 자기중심주의와는 차원이 다른데, 철저하게 자기 나라를 숭배와 신앙의 대상으로 만들어서 자유주의자, 진보적 사상가마저 여기에 빠져들게 했다. 심지어 20세기 일본의 대표적 정치학자로 천황제 비판론자로 알려진 마루야마 마사오丸山眞男조차도 만년에는 그 덫을 완전히 벗어나지 못했

---

[72] 루스 베네딕트, 김윤식, 오인석 옮김, 『국화와 칼』, 을유문화사, 2002(4판, 원저 1946), 88쪽.

다는 평가를 받고 있다.[73] 시민 위에 천황을 두고, 개인 위에 국가를 둔 일본에서, 시민 개개인의 권리를 무엇보다 존중하는 민주주의는 자라나기 어렵다.

중국 민주주의의 미래 또한 해답이 잘 보이지 않는데 초거대의 영토와 인구로 인해 민주주의의 이상을 따르고자 하는 사람들조차 구체적인 방안을 내놓지 못하고 있다. 미국과 같은 연방제가 방법이 될 듯하지만 이 역시 간단치 않다. 미국에서는 민주주의 또는 공화정에 대한 강한 열망에서 연방제가 출발했기에 거대제국 미국이 연방제와 비교적 잘 결합할 수 있었지만, 과두지배 또는 일인독재에서 벗어난 일이 없었던 중국에서 민주주의적 시각에서의 연방제 논의가 가능할까 싶다. 민주주의는 작은 나라일수록 구현하기 쉽다는 것이 오랜 통설이다. 나라가 커지면 개인은 작아지기 마련이다. 그래서 제대로 민주주의를 하고자 하는 나라에서는 연방제, 지방자치 등으로 중앙권력을 쪼개려고 한다. 민주주의를 원하는 사람들은 어떻게 하면 나라를 작게 만들까 고심하는데, 지금 대다수의 중국 사람들은 스스로 대국이라고 칭하며 자랑스러워한다. 이런 의식 수준에서 민주주의를 기대하기는 어렵다.

한국 역시 민주주의에 대한 인식 수준이 높다고 말할 수 없다. 2024년 12월 3일의 비상계엄은 아직 한국의 민주주의가 갈 길이 멀

---

[73] 박홍규, 「마루야마 마사오와 일본주의」, 『정치사상연구』 21-2, 한국정치사상학회, 2015.

다는 사실을 분명히 보여주었다. 다만 한국은 민주주의를 짓누르는 군주도 없고 민주주의를 감당하기 어려울 정도로 초거대국가도 아니다. 여기에다 동학, 만민공동회에 이어서, 3·1운동, 4·19혁명, 광주민주화항쟁이, 그리고 최근의 촛불집회가, 그리고 비상계엄의 위기 상황에서 자기 목숨을 던지며 군경의 총칼을 막은 용감한 시민이 있었다. 이런 점에서 한국은 동아시아 민주주의의 선도국가가 될 수 있다. 이는 무거운 짐이지만 자부심이 될 수도 있다. 자부심을 가지고 중국과 일본의 민주 시민들과 연대하여, 동아시아 민주주의 공생의 길을 모색할 일이다.

옹달샘 3.
오에 겐자부로 그리고 한강

일본의 건전한 민주주의를 억압하는 일본주의의 실상에 대해 여러 사례를 들어 설명할 수 있겠지만, 여기서는 일본의 두번째 노벨문학상 수상자인 오에 겐자부로를 통해 이야기해보겠다.

2023년 12월 나는 일본 시코쿠에 있는 마쓰야마로 여행을 다녀왔다. 마쓰야마 부근의 한 시골 마을이 오에 겐자부로의 고향이기도 해서 거기를 들러보려고 했는데 놀랍게도 그곳에는 기념관은 물론 작은 기념물조차 없었다. 마쓰야마는 자기 동네에서 노벨상 수상자가 배출됐음에도 정작 관광 홍보에는 나쓰메 소세키의 『도련님』과 시바 료타로의 『언덕 위의 구름』만 내세울 뿐이다. 『도련님』을 내세운 노면열차와 시계탑, 『언덕 위의 구름』 기념관만 만들어두고, 오에 겐자부로에 대해서는 아무런 기념물도 세우지 않았다.

일본의 초대 노벨문학상 수상자인 가와바타 야스나리의 기념관이 그의 고향에 있음은 물론이고, 일본 곳곳에 이런저런 작가 기념관이나 문학관이 적지 않은데, 오에 겐자부로 같은 저명작가의 기념물이 없다니 이해가 되지 않았다. 더욱이 나쓰메 소세키나 시바 료타로는 각각 도쿄와 오사카 출신으로 마쓰야마가 고향도 아니다. 특히 『도련님』은 도쿄 출신의 높은 신분의 도련님이 마쓰야마에 교사로 부임해와서 시골 마을에서 겪는 부조리한 일을 그린, 어찌 보면 마쓰야마를 시골이라고 깔본 작품이다. 이에 비해 오에 겐자부로는 대표작인 『만엔 원년의 풋볼』 등을 비롯하여 고향을 주요 배경으로 삼은 작품이 적지 않으며 고향 사랑도 남다른 사람이다. 그런데 왜 고향에서 그를 기리는 것이 하나도 없을까 하는 의문이 들었다.

오에 겐자부로는 민주주의를 신봉하는 사람으로 작가 생활 초년에 「세븐틴 1961」이라는 작품을 써서 천황제에 대해 비판적 시각을 드러낸 일이 있었다. 이 작품은 발표되기 한 해 전에 있었던 사건을 소재로 삼았다. 천황을 숭배하는 과격한 17세 소년이 연단에 선 사회당 총재를 칼로 살해한 사건이었다. 작가는 이 작품의 후편을 쓴 후 우익으로부터 살해 협박까지 받았다고 한다. 또 1994년 노벨상을 받은 다음 천황이 문화훈장과 문화공로상을 수여하려고 하자, '민주주의 위에 다른 권위와 가치를 인정할 수 없다'며 수상을 거부한 이력도 있다. 가와바타 야스나리의 노벨상 수상 연설 제목이 「아름다운 일본의 나」인데, 그는 이를 비틀어 「애매한 일본의 나」로 바꾸어 연설했다. 민주주의에 입각하여 일본의 정치문화에 대해 비판적 입장을 고수했던 그의 행적 때문에 2023년 사후 그의 고향에 아무런 기념물도 남지 않은 것으로 짐작되었다. 그의 유물은 모교인 도쿄대학에 기증되었다. 나는 문학연구자인 일본인 지인에게 왜 그의 고향에 기념물이 없는지 물었다. 그는 여러 가지 이유를 들면서 우익의 비판과 공격의 대상이 될 수 있다는 의견도 이야기했다. 이것이 일본의 현실이다.

   그간 일본의 정치 현장에서 수많은 극우 테러를 보았지만 그 뿌리가 이 정도로 깊을 줄은 상상하지 못했다. 일본주의와 천황제를 비판하는 사람이라면 그가 설령 노벨상을 수상했다 해도 그와 관련된 기념물 하나를 고향에 세울 수 없을 정도로 철저히 배격되는 곳이 일본이다. 오에 겐자부로의 견해에 동감하는 일본인이 적지 않겠지만 그들이 현장에서 목소리를 내지 못할 정도로 억눌려 지낸다는 것은 일본 민주주의의 취약성을 단적으로 보여준다.

   반면 한국의 첫번째 노벨문학상 수상자인 한강은 『채식주의자 2007』 등에서 소수자, 약자, 그리고 민중을 위한 문학적 지향을 보여주었고, 광주민주화운동을 다룬 『소년이 온다 2014』와 제주 4·3사건을 소재로 한 『작별하지 않는다 2021』를 통해 자신의 정치적 지향 또한 분명히 밝혔다. 그의 작품에 대해 소수의 정치적 비판자가 없지 않으나, 대다수 한국 사람들에게 큰 사랑을 받고 있음은 한국의 민주주의를 위해서도 퍽 다행스러운 일이다.

제4부

우리가 모르는 민주주의:
한국 민주주의의 미래

대한민국의 재설계

한국 시민은 세계 어느 나라 시민보다 민주주의에 대한 열망이 강하다. 민주주의에 대한 기대가 큰데 시민의 권리는 미약하기 때문일 것이다. 2022년 10월 SBS 방송국에서 실시한 국민발의제 도입과 국민의견 전달기구 설립에 대한 여론조사를 보면, 각각 찬성이 77.5퍼센트와 82.3퍼센트에 이른다.[1] 겨우 조선시대 상소나 격쟁 수준의 제안 제도와 기구의 설치에 대해 물었는데, 현실은 그조차도 없으니 대다수 시민이 찬성한 것이다.

시민의 정치 참여 열망은 대의민주주의하에서 시민이 할 수 있는 최대의 정치 활동인 정당 활동을 통해서도 알 수 있다. 중앙선거관

---

1 김주형, 서현수, 「시민참여 제도화를 통한 민주적 혁신」, 서울대학교 국가미래전략원, SBS문화재단 공동주최 학술회의 "한국 민주주의의 혁신―정치제도와 시민" 발표문(2022.12.13), 30쪽.

리위원회에서 발간한 「2021년도 정당의 활동개황 및 회계보고」에 따르면, 대한민국 국민 중 일반 당원으로 정당 활동을 하는 사람의 수가 무려 천만 명이 넘고 당비 납부 당원 수는 이백십만 명을 넘는다. 당원 수를 인구 수와 비교해도 20퍼센트 이상이고, 선거권자 대비로는 23.6퍼센트에 해당한다. 외국과 비교할 때 오스트리아를 제외하고는 유례를 찾기 어려운 높은 숫자다. 유럽에서 정당 통계에 잡히는 당원은 한국에서의 당비 납부 당원에 가까운데 한국의 선거권자 대비 당비 납부 당원 수 비율인 4.8퍼센트는 유럽에서도 최상위권에 해당하는 수치로, 영국 1.2퍼센트, 독일 2.1퍼센트, 스페인 4.1퍼센트, 이탈리아 4.4퍼센트를 뛰어넘는다.[2]

이렇게 참여 열망은 높은데 권리는 미치지 못하니 시민들은 거리로 나갈 수밖에 없다. 나간다기보다 내몰린다는 표현이 정확할 것이다.[3] 적지 않은 정치학자들이 한국 시민의 거리 집회를 강한 시민 권력의 증거로 들고 있으나 진짜 시민이 힘이 세다면 거리로 나올 이유가 없다. 시민의 거리 집회를 강한 민주주의를 보여주는 대표적 현상으로 본다면 한국의 민주주의는 이미 갑오년 동학 집회에서 완성되었다 할 것이다. 물론 거리로 나오지도 못할 정도로 엄격

---

2 윤왕희, 「한국 정당정치와 민주주의―공천과 당원, 그리고 참여」, 서울대학교 한국정치연구소 주최 콜로키움 "민주주의의 위기와 혁신" 발표문(2023.3.29), 2쪽.
3 김만권, 『참여의 희망―광장에서 민주주의를 만나다』, 한울, 2009, 12쪽. 2008년 미국산 쇠고기 수입 반대 촛불집회를 선거를 넘어선 또하나의 '참여민주주의'로 규정했다.

히 통제된 국가나 일본처럼 시민운동이 동력을 잃은 나라보다야 시민 권력이 세다고 할 수 있다. 고대 아테네 아리스토파네스의 희극 「기사」에서 보여주는 것처럼 시민이 정말 힘이 있다면 거꾸로 정치인이 시민에게로 가서 호소하는 일이 벌어질 것이다.

이제 더이상 시민을 거리로 내몰아서는 안 된다. 시민이 적절히 정치적 표현을 할 수 있도록 보장하고 아울러 공동체에서 중요한 결정권을 가지도록 해야 한다. 시민 정치가 제도로 만들어져야 거리의 정치가 사라질 것이다.

시민이 실권을 가진 참된 민주주의로 가기 위해서는 대한민국의 전면적 재설계가 요구된다. 이 재설계는 일차적으로는 개헌으로 일단락될 것이나 개헌은 지난한 과정을 요한다. 그전에 더 근본적이고 장기적이며 거대한 민주화의 틀을 논의해야 한다. 대통령 임기를 바꾸자는 작은 개헌안조차 제대로 논의되지 못하는 게 현실인데 국가체제의 틀을 바꾸는 논의를 하자는 말은 허황하게 들릴 수 있다. 그러나 한국에서 민주주의가 자리를 잡아온 역사를 보면 그렇게만 볼 수 없다. 반만년 역사에서 한 번도 상상하지 못했던 민주주의를 일단 알게 되자 한국 사회는 급속도로 바뀌었다. 시민이 주인이 되는 진정한 민주주의 또한 상상도 하지 않으면 결코 오지 않는다.

대한민국의 재설계는 누가 혼자 할 일이 아니다. 그렇다고 지난 시절처럼 정치인, 법률가 등 전문가에 맡기자는 의견에는 동의할 수 없다. 새집을 지을 때 건축가에게 설계를 위임할 수 있지만 기본적으로 건축주가 설계의 밑그림을 가지고 있어야 한다. 그래야 자기가 살기 가장 좋은 집을 얻을 수 있다. 건축주인 시민이 설계의 방향을 잡고 국내외 전문가에게 도움을 받아 초안을 만들어야 정치인이나 법률가가 아닌 시민을 위한 설계 도면이 나올 수 있다.

새로운 설계를 할 때는 앞서 제기한 것처럼 현재 대한민국 시민이 가지지 못한 핵심 권리인 사법시민주권과 표현의 자유 등이 우선적으로 개선되어야 하고, 오랫동안 논란이 되어온 대통령제도 검토가 필요하다. 2024년 12월 3일의 비상계엄은 한국 대통령제의 재검토 필요성을 더욱 높였다. 비상계엄이 필요한지, 필요하다면 그 권한을 꼭 대통령에게 주어야 하는지, 한국의 최고 권력을 근본적으로 다시 살펴야 한다.

원래 '대통령'은 미국의 'president'를 번역한 말로, 1881년 조선에서 처음 사용될 때 '미국 대통령' 아래에 '임금을 가리킨다'고 주석을 달았다.[4] '통령'도 아니고 '대'통령이니 왕정이라면 몰라도 민주주의 국가의 정치 지도자에게는 어울리지 않는 이름이다. 한국의 대통령이 제왕적 대통령으로 불리는 것도 공연한 일이 아니라 할 수 있다. 실제로 대통령이 가진 막강한 권력을 보면 왕정이라 말해

---

4   신사유람단 이헌영의 기록인 『일사집략』 1881년 6월 10일 조에 미국 대통령이 총상을 입었다는 신문기사를 인용하며 '미국 대통령' 아래에 '국왕을 가리키는 말'(米國大統領: 卽國王之稱)이라는 주석을 달았다. 대통령이라는 말은 일본이 미국의 요구로 개항할 때, 1852년 미국측에서 건넨 대통령 친서에서 처음 사용되었다. 孫建軍, 「新漢語 大統領の成立」, 『或問』 10, 近代東西言語文化接觸研究會編, 2005, 4쪽.

도 그리 잘못은 아닌 듯하다. 왕정도 여러 부류가 있으니 아리스토텔레스가 나눈 다섯 유형의 왕정에는 세습된 왕도 있고, 선거로 뽑은 왕도 있으며, 추대한 왕도 있다.[5] 한국 대통령은 선거로 뽑은 왕에 가깝다. 사정이 이러니 한국에서는 아직도 대통령을 왕에 빗대고 대통령 부인을 국모로 칭하며 민본이니 애민이니 하는 말을 정치판 주변에서 한다. 시민이 주인인 민주주의에서 애민은 가당치도 않은 말이다. 누가 누구를 사랑한다는 말인가. 공동체의 주인이자 지배자인 시민은 사랑받을 대상이 아니라 거꾸로 정치 지도자를 사랑할 사람이다. 대통령제에 대한 진지한 검토가 필요하지만 이 책에서 다루기에는 너무 세세한 주제다. 여기서는 지금까지 한국의 민주주의가 소홀히 여긴 것 중 꼭 필요한 요소인 추첨제, 시민의회, 연방제를 제시하며 간략히 그 의의를 밝히고자 한다.

추첨제, 시민의회, 연방제는 모두 현재로서는 한국인들에게 너무도 먼 일로 여겨질 것이다. 아직 한 번도 행해보지 않았음은 물론이고 논의조차 본격적으로 진행된 일이 없다. 추첨제는 선구적 제안이 있었으나 공론이 확산되지 않았고, 시민의회는 서양의 선진 민주주의 국가에서도 최근에야 일부 진행되고 있다. 그리고 연방제는 통일론과 관련하여 많은 사람들이 그릇된 선입견을 가지고 있는 제도로 많은 나라에서 행하고 있음에도 불구하고 한국에서는 본격적

---

[5] 아리스토텔레스, 『정치학』, 177~181쪽.

으로 공론화한 일이 없다.

  이들 제도는 모두 눈앞의 정치에 급급한 사람들에게는 허황된 논의로 여겨질 수 있다. 그러나 민주주의에 대해 깊이 공부하면, 시민이 주인이 되는 민주주의로 가자면, 결코 외면할 수 없는 제도다. 민주주의를 위해 꼭 필요한 제도에 대해 논의한 후에, 마지막으로 민주주의를 단단한 반석에 올려둘 때 반드시 필요한 민주주의 교육과 그에 맞는 인간상에 대해 논한다.

민주주의의 핵심제도, 추첨제

추첨제는 고대 아테네 민주주의의 핵심적 형식이다. 추첨은 아테네에만 존재했던 것은 아니고 당대 중근동 지방에 널리 퍼져 있었다. 『성경』「잠언」 18장 18절에는 "제비뽑기는 다툼을 그치게 하여 강한 자 사이에 해결하게 하느니라"는 말이 나온다. 제비뽑기 곧 추첨은 가장 공정한 방식이어서 누구나 승복할 수밖에 없으니 다툼을 그치게 할 수 있다고 했다. 이 방식을 정치에 적극 활용한 곳이 고대 아테네고, 베네치아 공화국 등으로 이어져 중세 이후 민주정, 과두정, 전제정 등 정체를 가리지 않고 의회를 구성하는 데 얼마간 이용되었다.[6] 그러다가 근대로 넘어오면서는 미국에서 재판의 배심원을 선정하는 방식으로나 사용되고 있을 뿐 거의 사라져버렸다.

---

6   이보 모슬리, 김정현 옮김, 『민중의 이름으로』, 녹색평론사, 2022(원저 2013), 228쪽.

근대에는 추첨제를 대신하여 선거제가 민주주의의 상징인 듯 받아들여졌다. 누구에게나 골고루 기회가 주어졌던 추첨제가 사라지고 특별한 열망과 의지를 가진 사람이 선발되는 선거제가 채택되면서 보통 사람들은 정치의 기회를 거의 얻지 못하게 되었다. 근대의 대의민주주의가 실질적으로 엘리트 지배가 된 이유가 여기 있다. 근대 민주주의가 대의제를 채택한 것은 근대 국가 대부분이 직접민주주의를 시행하기에는 규모가 너무 컸기 때문이기도 하지만 다른 이유도 있었다. 프랑스혁명에 큰 영향을 준 루소만 해도 선거제를 시민의 노예 상태를 영속시키는 제도라고 비판했는데, 정작 루소 등의 계몽주의에 큰 영향을 받고 일어난 프랑스와 미국의 혁명에서 지도자들은 모두 추첨제를 버리고 선거제를 택했다. 다비트 판 레이브라우크는 프랑스와 미국의 혁명 지도자들이 추첨제에 전혀 흥미를 느끼지 않았다면서, 그 이유를 민주주의에 관심이 없어서라고 잘라 말했다.[7] 실제로 미국 건국기에 선거제를 채택하는 과정을 보면 이 말이 그르지 않음을 알 수 있다. 미국의 제3대 대통령이자 독립선언서를 쓴 토머스 제퍼슨은 존 애덤스에게 쓴 편지에서 재능과 지성에 근거한 '자연적인 귀족'과 부와 출생에 근거한 '인위적인 귀족'을 나눈 다음 자연적인 귀족을 정부 공직에 선발할 수 있도록 가장 효과적인 방법을 제공하는 정부가 최고의 정부 형태라고 말했

---

[7] 다비트 판 레이브라우크, 양영란 옮김, 『국민을 위한 선거는 없다』, 갈라파고스, 2016(원저 2013), 116쪽.

다. 그러면서 가짜 귀족에서 진짜 귀족을 추려내는 최선의 방법으로 선거제를 꼽았다.[8] 선거제를 민주정의 형식이 아니라 귀족정의 형식으로 여긴 것이다.

선거는 '권력을 선거꾼에게 맡기는 행위'라는 말이 있다.[9] 선거를 민주주의의 상징처럼 여기지만 실질적으로 얼마나 민주주의와 먼 제도인지 웅변하는 말이다. 추첨이 민주주의를 위해서 가장 바람직한 방법이지만 추첨을 채택하기 어려운 상황에서 또는 추첨이 가져올 진짜 민주적 상황을 받아들이지 못하기에 선거제를 채택했던 것이다. 한국에서 제헌헌법을 만들 때 추첨으로 선발하는 배심원 제도의 도입을 반대한 중요한 이유가 '낮은 민도'였던 것처럼, 미국 건국기에 선거제를 채택한 이유도 여성, 유색인, 무식자가 추첨을 통해 선발될 것을 염려했기 때문이다. 민주주의에 추첨제를 도입하는 것은 단순히 민주주의의 한 형식을 채택하는 문제가 아니며 민주주의의 근본을 바라보는 관점의 변화를 뜻한다.

추첨제를 채택한다면 시민 누구나 쉽게 정치에 참여할 수 있다. 지배자와 피지배자의 거리가 가까워지고 정치 진입의 벽이 낮아진다. 짧은 임기를 두어 빈번히 교체한다면 누구나 지배자가 되고 누

---

8 스티븐 스미스, 앞의 책, 143쪽.
9 로베르트 미헬스, 김학이 옮김, 『정당론』, 한길사, 2015(원저 1911), 208쪽. H. G. Wells의 *Anticipations of the Reaction of Mechanical and Scientific Progress upon Human Life and Thought*(1901, p. 58)에서 재인용.

구나 피지배자가 될 수 있는 민주주의의 이상에 부합한다. 선거를 통한 정치 엘리트에 의한 지배와 추첨을 통한 일반 시민의 지배 중 어떤 것이 나은 체제인지 논란이 있을 수 있다. 소크라테스는 재판을 받으면서 전문가가 판결을 내리는 것이 더 낫다고 여겼지만 그렇다고 일반 시민 다수에 의한 결정을 부정하지는 않았다. 그래서 사형 선고를 받아들였다 할 수 있다.[10] 엘리트 지배는 효율적일 수 있지만 엘리트의 집단이기주의가 문제가 될 수 있고, 시민의 지배는 이상적이지만 현실에서는 비효율적일 수 있다. 다만 어느 정도 문제가 있다 하더라도 시민의 지배가 이상적 모델이라면 가능한 한 현실에서 더 많이 구현되도록 최대한 노력해야 할 것이다.

 최근 세계적으로 추첨제에 대한 관심이 높아지고 있다.[11] 추첨제를 사회 각 영역에 도입하는 나라가 늘고 있는 것이다. 캐나다, 아이슬란드, 아일랜드 등에서는 추첨을 통해 시민의회를 구성하여 시민이 직접 정치를 하거나 개헌 논의를 하게 했다.[12] 추첨제는 온라

---

10 플라톤, 『크리톤』, 32~34쪽.
11 저명한 정치학자인 엘렌 랜드모어는 21세기 민주주의가 갈 길로 '열린 민주주의'를 제시하며 추첨제 등을 통해 시민의 참여를 확대할 것을 주장했다. 열린 민주주의 특징을 고대 아테네의 '회의체 민주주의', 18세기 이후의 '선거 민주주의'와 비교하여 제시하는데(엘렌 랜드모어, 앞의 책, 273쪽), 참여 확대의 방안으로 '추첨형 대의제'와 '자기추천형 대의제' 등을 제안한다(위의 책, 177쪽).
12 이지문, 『추첨 민주주의 강의』, 삶창, 2015, 28~36쪽 및 이지문, 「광장정치와 제도정치의 보합으로서 추첨시민의회 모색」, 『NGO연구』 12-1, 한국NGO학회, 2017 참고. 캐나다의 경우는 오현철, 앞의 책, 141~160쪽에 캐나나 브리티시컬럼비아주의 시민의회 사례가 자세히 서술되어 있다.

인 시대를 맞이하여 더욱 실현 가능성이 높아졌다. 고대 아테네나 건국기 미국의 작은 마을에서나 가능했던 수천 명, 수만 명 단위에서 행해진 직접민주주의를 수천만 명, 수억 명의 거대 공동체에서도 상당한 수준으로 현실화할 수 있는 상황이 된 것이다. 정치학자 임혁백은 21세기 소통 환경이 혁명적으로 변화한 상황에 맞추어 수직적 위계질서에 의한 대의민주주의와, 수평적인 연계를 토대로 한 소셜미디어 민주주의가 결합된 '헤테라키Heterarchy 민주주의'를 제안했다.[13] 이제는 굳이 광장에 모이지 않아도 사이버 세계에서 토론하고 추첨하고 결정할 수 있으니 그에 맞추어 민주주의의 수준을 높이자는 것이다.

   추첨제를 통한 민주화의 실현은 중앙과 지방의 정치, 행정, 사법, 언론의 거대 영역에서만 진행될 것이 아니다. 사회 전 분야에서 전방위적으로 검토될 필요가 있다. 특히 교육, 문화 등 분야에서 시민의 공평한 권리가 논의되어야 민주주의가 더욱 깊이 뿌리를 내리고 견고히 유지될 것이다.

---

13   임혁백, 『민주주의의 발전과 위기』, 김영사, 2021, 142~143쪽.

옹달샘 4.
추첨제와 학교 민주화

추첨제는 교육 분야에서도 명확한 인식을 가지고 도입할 필요가 있다. 먼저 반장 등 학생 대표 선출에 선거 외에 추첨제를 고려하는 것이다. 교사와 학생이 어떤 방식이 더 민주적이고 효율적인지 토론을 벌여 시행한다면 민주주의 교육에 큰 도움이 될 것이다.

추첨으로 학생 대표를 뽑는 일도 중요하지만, 실질적인 학교 민주화는 학교 운영을 민주적으로 하는 것이고, 학교 운영자를 민주적으로 선발하는 것이 출발점이 된다. 대학의 경우라면 학장과 총장을 추첨으로 선발할 것이다. 현재 선거제하에서 뽑힌 학장이나 총장을 보면 학문이나 교육에 대한 열정보다 자신의 명예욕을 이루려고 된 사람이 적지 않다. 학교 구성원들에게 잘 보여 선거에 이기려고 노력하다가 학장, 총장이 되고 나면 그저 그렇게 학교를 운영한다. 독재정부하에서 임명된 총학장보다는 선거제가 더 민주적이라고 말할 수 있으나 현실적으로는 득 이상으로 실이 큰 제도가 선거이다. 선거로 과열된 학교는 패거리를 동원한 저질의 정치판으로 변하기 일쑤이며, 그 과정에서 정작 중요한 학술과 교육 활동은 소홀해진다. 심지어 선거과정에서 구성원 사이에 갈등과 반목의 골이 깊어지기도 한다.

이럴 바에는 차라리 추첨을 통해, 그것이 현실적으로 여의치 않다면, 베네치아 공화국처럼 추첨과 선거를 섞어서 선출하는 편이 나을 수 있다. 추첨으로 후보자 약간 명을 선발하고 그중에서 자원자를 받아서 선거로 뽑을 수도 있고, 거꾸로 선거로 여러 명을 뽑아서 그중에서 추첨으로 선발할 수도 있다. 내가 재직하고 있는 서울대학교의 경우, 교수만 해도 이천 명이 넘으니, 총장 후보군 중에서 일정한 방식으로 백 명 정도를 추첨으로 뽑은 다음, 이들 가운데 선거를 통해 최종 후보를 정하는 방식을 생각할 수 있다. 추첨으로 뽑는다면 모든 구성원이 운영을 맡을 가능성이 있는 만큼 주인의식과 참여의식이 높아질 것이다.

학교 민주화를 위해서 추첨 외에 유념할 점은 학장이나 총장 후보자의 자격 범위를 넓히는 것이다. 총장직을 꼭 교수만 맡아야 할 이유가 없으며, 학생, 연구원, 직원 등으로 후보의 범위를 넓힐 수 있다. 세상에는 정규 자격자로 인정받지 못한 사람이 해당 직역에 들어와 탁월한 성과를 내는 경우가 종종 있다. 실제 독일에서는 조교가 총장이 된 일이 있었다. 조교였던 31세의 롤프 크라이비히Rolf

Dieter Kreibich는 교수 대표를 제치고 독일 최고 대학 가운데 하나인 베를린자유대학의 총장에 선출되었다.[14] 심지어 그는 한 번의 임기를 마치고 다시 치른 선거에서도 선출되어 1969년부터 1976년까지 두 차례에 걸쳐 총장을 역임했다. 재선출은 그에 대한 내부의 평가를 보여준다고 할 수 있다. 대통령의 피선거권을 헌법에 의해 40세 이상으로 제한하고 있는 나라에 사는 사람으로서 독일의 사례는 놀랍다.

내가 속한 인문대학은 교수가 이백 명에 불과한데도 선거로 학장을 뽑고 있다. 내가 처음 부임했을 때는 학장 선출을 할 때 콘클라베conclave로 불리는 교황선출식을 썼다. 출마자가 없는 상태에서 교수 각자가 적임자를 적어내 학장 후보를 압축해가는 방식이다. 겉으로는 굉장히 품격 있는 방식처럼 보이지만, 실제로는 뒤에서 누구를 밀어주자는 담합이 이뤄졌다. 이후 현행의 선거제로 바뀌었는데 자원하여 출마한 학장 후보들에게 공식적으로 정견을 듣고 선거를 진행했다. 외적으로 보면 굉장히 민주적인 방식인 듯하지만 학교를 정치판으로 만드는 중요한 배경이었다. 학장이라고 해도 임기가 2년에 불과하며 아주 큰 권한을 갖는 자리도 아니어서 큰 변화를 이룰 수 있는 것도 아닌데 후보들은 실현되기 어려운 공약을 내세

14　조교가 총장이 된 사회 역사적 배경에 대해서는 홍익표, 「독일의 정치교육—역사, 구조, 교훈」, 『시민주권과 민주시민교육』, 부산대학교출판문화원, 2021, 323쪽 참조. 이른바 68혁명 이후 대학에서는 교수들의 특권이 약화되었고 행정이 민주화하였다. 이때 강사와 조교, 교수, 학생이 동등하게 대학의 주요 정책 결정에 참여하는 '3분할 원칙'이 만들어졌다.

우고 학장이 되기 위해 교수들과 눈을 맞추러 다니고 밥도 먹고 술도 마셔야 했다. 모든 후보가 그런 것은 아니지만 분위기가 자연스레 바뀌었다. 학교가 학문의 전당이 아니라 술판으로 변하는 데 학장 선거가 일조했다.

2011년 서울대학교에서 2년 동안 초빙교수로 머물렀던 미국 뉴욕주립대의 김성복 석좌교수는 미국으로 돌아갈 때 한 신문사와 인터뷰를 하면서 서울대학교 교수들은 모여서 술이나 마시고 정치 이야기만 한다며 쓴소리를 했다.[15] 그의 눈에 비친 음주 정치 문화의 주요한 원인 가운데 하나가 각종 학내 선거였다고 생각한다.

교수라면 누구를 추첨으로 뽑아도 총학장 업무를 수행하는 데 큰 문제가 없을 것으로 본다. 다만 여러 가지 이유로 대학 운영에 별 관심이 없는 사람도 있을 테니, 그런 사람을 제외하고 자원자들 가운데 추첨을 할 수 있다. 대학의 미래를 생각하면 총학장 선발에 추첨제가 선거제보다 나을 듯하며, 설사 추첨제로 뽑힌 총학장이 선거제 총학장보다 크게 나은 점이 없다 하더라도 추첨제는 학교 민주화에 기여할 뿐만 아니라 구성원의 주인의식을 높인다는 점에서 부수적 효과가 작지 않을 것이다.

---

15 세계일보, 2011년 1월 10일 사설.

시민의회, 추첨원과 선거원

현대 민주주의 국가에서 의회는 고대 아테네 민회와 중세 유럽의 대의제 의회의 전통을 이은 것으로 민주주의의 꽃이라 할 수 있다. 시민의 뜻을 받아 공동체 운영의 방향을 정하고 입법을 통해 그 실행을 구체화하는 기관이다. 그런데 현재 한국의 국회는 대의제와 더불어 정당 정치의 문제로 인해 민의를 잘 반영하지 못하고 있다. 선거구 구획의 불균형으로 인하여 시민 한 표의 무게가 공정하게 반영되지 않을 뿐만 아니라, 소선거구 제도를 택함으로써 의원을 뽑는 데 이용되지 못한 상당수 표의 민의가 사장되기도 한다.

한국의 정당제도는 시민의 주권을 더욱 약화하는 방식으로 운영되고 있는데 그 대표적인 요소가 공천이다. 실질적인 양당체제와 지역감정에 따른 거점 분할로 인해 정당의 공천이 곧 당선이 되는 상황에서 국회의원 후보들은 시민보다 공천권을 쥔 정당 대표나 주류의 눈치를 본다.[16] 어떤 지역에는 작대기를 꽂아도 당선이 된다고 말할 정도니 시민들의 목소리는 묻힐 수밖에 없다. 의원 선출에 반영되지 못한 소수 시민의 뜻이 사장되지 않도록 비례대표제를 도입했으나 이 역시 정당의 지배력만 강화하는 결과를 가져왔다. 최근에는 양당체제의 결함을 보완하고 소수정당의 국회 진출을 보장한다는 명분을 내걸고 준연동형 비례대표제를 도입했으나 거대 양당이 자기들이 가져올 수 없는 부분을 위성정당을 창당하여 얻으려고 함으로써 본래의 취지가 훼손되고 말았다. 이런 상황에서 국민들은 더욱 양극단의 대결 구도 속으로 들어갈 수밖에 없었고, 극한의 대결은 공동체의 미래를 위한 정치를 실종케 했다.

이 밖에 선출된 국회의원이 있는 국회 내에도 시민주권의 온전한 구현을 막는 수많은 장치와 관행이 존재한다. 대의민주주의의 원칙에 따르면 시민이 뽑은 국회의원은 모두 동등한 권력을 가지는 게 옳다. 그런데 초선이니 다선이니 하면서 국회 운영에 중요한 역할을 하는 의장과 위원장, 그리고 핵심 권력을 지닌 위원회의 위원을

---

16 한국의 정당은 경선을 통한 민주적 공천을 지향하고 있으나 사실상 제한된 후보를 등록시키고 정당의 주류 세력이 자신들이 지지하는 후보가 경선에서 승리하도록 이끌어 민의가 왜곡되는 일이 많다. 정당과 공천에 대한 윤왕희의 최근 연구에서도 이른바 '국민참여경선' 등 개방형 공천제도를 '개방으로 포장된 폐쇄성'으로 읽었다. 윤왕희, 「공천제도 개혁과 한국 정당정치의 변화에 관한 연구—국민참여경선은 왜 참여를 이끌어내지 못했나」, 서울대학교 박사논문, 2022, 268쪽. 실제로 경선을 거쳐 현직의원이 탈락하는 경우는 10퍼센트 내외에 불과하다고 한다.

국민의 뜻과 무관하게 자기들이 정한다. 다 같이 국민의 투표에 의해 선출된 처지이면서도 국회의원끼리 동등한 자격을 지니지 못하고 차별을 받는 것이 현실이다. 국회의원의 자격과 권리가 동등하다면 의장과 부의장은 물론 상임위원회 위원장과 위원 등을 모두 기본적으로 추첨을 통해 선출하는 것이 옳다. 자기들끼리의 질서를 앞세우며 국민이 주지 않은 자격과 권리를 자기네 마음대로 결정하는 것은 민의를 왜곡하는 일이다. 예컨대 법제사법위원회에 모든 법률안의 체계 자구 심사권을 준 것도 국회의원의 평등한 권한을 생각할 때 반민주적이다. 체계 자구 심사가 필요하면 법률안을 만든 해당 상임위원회에 자문위원을 두어 의견을 들으면 그만이다.

입법부가 진정으로 민의를 대변할 수 있는 민주주의의 대표 기관이 되려면 구성부터 민주적이어야 한다. 아날로그 시대에는 대규모 국가 단위에서 추첨제를 도입하기가 어려웠지만, 디지털, 온라인 시대인 지금은 추첨을 시행하기가 그리 어렵지 않다. 그러니 근본적으로 민의가 굴절될 수밖에 없는 선거제에만 의지해 의회를 구성할 이유가 없다. 추첨으로 구성된, 진정으로 민의를 반영할 수 있는 의회를 구성할 필요가 있다. 추첨 의회가 민의의 대표성을 가지긴 하겠지만, 입법을 하고 다른 권력기관을 견제하는 실질적인 활동을 하기에는 수천, 수만 또는 그 이상의 대규모가 될 추첨 의회로는 쉽지 않은 일이니, 고대 아테네의 평의회나 고대 로마의 원로원과 같은 활동 기구를 두는 편이 좋다고 본다. 의회에 양원을 두자는 말이다. 추첨으로 뽑은 의원을 가진 추첨원과 함께, 선거로 뽑은 의원으로 구성된 지금의 국회와 같은 선거원을 두는 것이다. 추첨원과 선거원의 양원은 현재 영국과 미국 등에서 상하원 양원을 둔 것과 근본적인 뜻에서 상통한다.[17] 서로 돕고 보완하며 또 견제하게 하는 것이다.

추첨원은 일반 시민이 번갈아가며 맡을 것이고 선거원은 전업 정치인으로 채워질 것이다. 추첨원이나 선거원이나 모두 입법 활동을 할 수 있으나 논란이 큰 것은 추첨원이 최종 결정을 내려 입법이 완성되도록 한다. 추첨원이 민의를 가장 잘 반영한다고 보기 때문이다. 국민투표까지 가지 않는 중요한 문제의 최종 결정권을 추첨원에 맡기는 것이다. 현재 대통령의 법률안 거부권과 헌법재판소의 탄핵 심판권과 같은 역할을 추첨원에 맡길 수도 있다. 추첨원은 민주적 대표성을 갖추므로 최종 결정권을 가지기에 적합하다.

선거원의 규모는 현재의 국회와 비슷하게 삼백 명 정도로 운영할 수 있고, 추첨원은 만 명이나 그보다 훨씬 크게 십만 명 정도를 뽑아도 좋겠다. 만인의회 또는 십만인의회가 되는 것이다. 선거원 의원은 전업 정치인이니만큼 전문성과 함께 활발한 활동을 기대할 수

---

17 이기우 외, 「연방주의적 지방분권에 관한 연구」, 경기개발연구원, 2010의 제6장 "제2원에 의한 대표 관계"에서 양원제의 특징과 장단점을 두루 검토하였는데, 여기에도 추첨원과 선거원으로 양원을 구성한 사례는 보이지 않는다. 디지털 시대를 맞이하여 민주주의에 맞는 의회 구성 방식을 새로 논의할 필요가 있다고 생각한다.

있고, 추첨원은 의원 수와 선출 방식에서 민주적 대표성을 담보하는 만큼 결정의 권위를 인정할 수 있다. 추첨원이 선거원의 전문성에 끌려다니지 않고 전문성을 높일 수 있도록 추첨원에 선거원과 동일한 규모의 상임위원을 두는 방식도 고려할 만하다. 상임위원은 추첨원 의원 중에서 자원자에 한하여 다시 추첨을 하여 뽑는 방법이 적당할 듯하다. 추첨원 의원에게는 약간의 수당을 지급하고 추첨원의 상임위원이나 선거원 의원에게는 모두 일정한 급료를 지급한다. 이렇게 양원을 두면 입법이 특정 계층 또는 집단의 소유물이 되는 일을 막을 수 있으며 시민의 참여를 확보하여 입법에 있어서 민주적 권위가 공고해질 것이다. 추첨원 의원의 임기를 1~2년 정도로 짧게 두면 다수의 시민이 정치에 참여하게 되어 민주주의의 이상에 더욱 가까이 다가설 수 있다.

작은 공동체에 대한 염원, 연방제

　연방제라고 하면 머나먼 외국의 일로만 여기거나 통일론과 연관 지어 생각하기 일쑤다. 연방제는 미국처럼 큰 나라나 채택한 제도이지 한국에는 어울리지 않는다고 지레짐작하거나, 김일성이 통일 방안으로 제시한 '고려연방제'를 떠올리며 부적절하다고 여기며 말을 끊으려고도 한다.[18] 그러나 한국과 같은 거대국가에서 민주주의를 정착시키기 위해서 반드시 검토해야 할 제도가 연방제다. 민주

18　김대중 대통령도 통일 구상으로 연방제를 제안한 바 있으며, 이와 별도로 지방자치의 확대라는 측면에서 연방제 개헌의 구상을 이미 여러 연구자가 제안한 바 있다. 이기우 외, 앞의 책, 329쪽 참조. 이 밖에 연방제에 관한 논의로 다음 논문을 참조할 수 있다. 이재원, 「문재인 정부에서 추진하는 연방제 수준의 분권을 위한 정부 간 재정관계 개편과제」, 『한국지방재정논집』 24-1, 한국지방재정학회, 2019; 최용전, 「연방제 수준의 개헌을 위한 과제―제주특별법의 사례를 중심으로」, 『지방자치법연구』 17-3, 한국지방자치법학회, 2017.

주의는 시민 모두가 자기 공동체의 주인이 되는 정치체제인데, 공동체가 커질수록 개인의 존재감이 약화하여 시민 개인이 공동체의 주인으로 살아가기가 쉽지 않다. 그래서 온전한 민주주의를 추구하는 사람들은 늘 어떻게 하면 정치공동체의 규모를 줄일 수 있을까 고민했다.

작은 공동체에 대한 염원은 이미 고대 그리스에서부터 있었다. 플라톤과 아리스토텔레스 모두 국가의 규모에 대해 언급했다. 아리스토텔레스는 『정치학』에서 인구가 많은 나라는 잘 다스리기 어렵다는 사실을 경험을 통해 분명히 알 수 있다고 했다.[19] 그리고 플라톤은 『법률』에서 이상적인 국가의 인구수로 5,040명의 시민 농부와 그의 가족, 노예, 기타 재류 외국인을 제시했다.[20] 수만 명이나 많아야 수십만 명으로 구성된 공동체가 이상적인 국가 규모라는 것이다. 국가가 커지면 개인은 작아지니 민주주의를 추구하는 곳에서 대국은 자랑거리가 아니다.

토크빌은 미국의 민주주의를 관찰하면서 마을town 제도를 인상 깊게 서술했는데, 그는 마을에서 자유로운 인민의 힘이 성장한다면서 마을 제도가 없어도 자유 정부를 가질 수 있겠지만, 자유의 정신은 가질 수 없다고 했다.[21] 미국에서 가장 유서 깊은 동네인 뉴잉글

---

19 아리스토텔레스, 『정치학』, 375쪽.
20 플라톤, 『법률』, 238쪽.
21 토크빌, 앞의 책, 104쪽.

랜드 지방에서는 한 마을에 대개 이삼천 명의 주민이 사는데, 이 작은 마을은 결코 대의제로 운영되지 않는다고 했다. 시민이 마을의 거의 모든 주요한 일을 직접 결정하는 직접민주주의가 이루어진다는 것이다. 그는 프랑스에서는 국가 징세관이 마을의 세금을 걷지만 미국에서는 마을 징세관이 국가의 세금을 걷는다고 했다. 마을의 자치권이 얼마나 강한지 보여주는 대표적 사례라고 할 수 있는데, 이렇게 작은 공동체를 민주적으로 운영한 경험이 미국이라는 초거대 연방의 민주주의를 가능하게 한다고 생각했다.

이처럼 독립성이 강한 하부 단위를 결속하여 초거대국가를 만드는 과정에서 채택된 것이 연방제다. 연방제는 지방정부가 입법, 사법, 행정에 상당한 권력을 가지며, 지방정부의 연합인 연방정부에서는 안보, 외교 등 국가 기간사를 다루는 체제다.[22] 냉정하게 말하면 연방제에서 지방정부는 부당한 말이 될 수도 있으니 여러 대등한 독립정부의 연합으로 연방이 결성되기 때문이다. 말하자면 지방자치는 중앙정부와 지방정부가 서로 협력하는 체제라면, 연방제는 독립정부의 연합이라고 말할 수 있다. 독립정부는 입법, 행정, 사법의 부서뿐 아니라 독자적인 헌법까지 가지고 있다. 그런데 연방제도 실제적으로는 다양한 양상으로 나타나니, 넓게 보면 유럽연합을

---

22 이기우 외, 앞의 책, 330쪽에서는 연방제를 뒷받침하는 이념인 연방주의를 자결권을 가진 하나의 정치공동체 안에 여러 개의 자결권을 가진 정치공동체가 서로 영향을 주고받는 정치조직원리로 규정했다.

느슨한 연방정부, 미국은 결집력이 강한 연방정부라 말할 수 있다. 민주주의를 하기 위해서 꼭 연방제를 해야 한다고 말할 수는 없지만, 권력을 분산시킨다는 점에 지방자치나 연방제는 민주주의를 위한 강력한 무기라 할 수 있으며, 이 가운데 독립성과 독자성이 강한 연방제는 민주주의에 더욱 적합하다.[23] 연방제는 흩어져 있는 나라를 통합하여 무역과 안보 등에 효율성과 안전성을 높일 수 있고, 지나치게 강하게 결속된 거대국가를 나누어 민주주의를 강화하는 방법이 될 수도 있다. 민주주의를 위해서 입법, 사법, 행정의 업무 영역별 권력 분립과 견제도 필요하지만, 권력을 공간적으로 분할하여 권력의 집중을 견제하는 길도 요구된다.

권력을 나누면 효율이 떨어진다고 생각하기 쉽지만 연방제를 채택한 많은 나라가 이미 질 높은 민주주의와 아울러 효율적인 행정을 보였다. 연방제로 가장 유명한 나라는 미국이지만 연방제와 결합하여 민주주의가 잘 실행되는 나라로는 스위스가 손꼽힌다. 스위스는 입법권과 사법권을 특권층이나 중앙정부에 집중시키지 않고 시민 또는 지역공동체와 공유함으로써 시민주권을 강력히 보장하고 있다. 우선 사법권력은 주정부법원 법관의 경우에 제1심 법원의 법관은 해당 주의 시민이 직접 선출하고 임명하며, 제2심 법원의 법관은 주정부의회가 4년의 임기로 선출 및 임명한다. 몇몇 주에서

---

23 민주주의와 연방제의 관계에 대한 원론적 논의는 로버트 달, 앞의 책, 378~392쪽.

는 제2심 법원의 법관도 시민이 직접 선출한다.[24] 그리고 입법권력은 동성 결혼 허용, 동물실험 금지, 바닷가재를 끓는 물에 바로 넣어 죽일 수 있는지 같은 세세한 문제와 관련된 법안에까지 시민의 국민투표가 결정력을 갖는다.

스위스의 국민투표제에는 국민제안, 의무적 국민투표, 선택적 국민투표의 세 가지 형식이 있다. 국민제안은 국민이 직접 법률 개정안을 내는 것이고, 의무적 국민투표는 정부가 법률 개정을 주도하면서 국민에게 의견을 묻는 것이며, 선택적 국민투표는 의회가 통과시킨 법안에 대해 찬반을 묻는 것이다.[25] 사안의 경중에 따라 시민들이 직접 입법하고 판단할 길이 열려 있는 것이다. 일상적인 법안은 유권자의 1.0퍼센트, 헌법 개정 등 중대 사안은 2.0퍼센트 이상에 해당하는 사람이 서명하면 국민투표에 부쳐지는데, 1866년에서 2018년 사이에 617건의 연방 차원의 국민투표가 진행됐으며 이 중 298건이 승인되었다고 한다.[26] 이렇게 연방제를 통해 작게 쪼개진 공동체가 직접민주주의의 가능성을 높였다.

연방제 채택은 민주주의 국가의 세계적 추세다. 연방국가는 20세

---

24   안권욱, 「왜 국민직접참정, 지방분권 개헌의 새 헌법질서를 요구하는가?」, 『경남발전』 141, 2018, 10쪽.
25   김진경, 「제5장 스위스 국민투표」, 『오래된 유럽―당신들이 아는 유럽은 없다』, 메디치미디어, 2021, 91~92쪽.
26   토마스 베네딕토, 성연숙 옮김, 『더 많은 권력을 시민에게―시민주권 시대, 직접민주주의를 말하다』, 다른백년, 2019, 189쪽 및 282쪽.

기 초만 해도 8개국에 불과했지만 현재는 약 28개국이다. 이는 유엔 가입 193개 국가 중 12.3퍼센트, 전 세계 인구의 약 45퍼센트에 해당한다.[27] 미국, 스위스, 캐나다, 독일, 오스트레일리아, 러시아, 오스트리아, 인도, 말레이시아 등 연방제 국가 외에도 스페인과 이탈리아는 지방분권이 고도화하여 '유사연방국가'라 불린다. 민주주의 선진국은 이처럼 연방제를 통해 민주주의의 수준을 높여나가고 있다.

천 년 이상의 중앙집권적 단방제 국가에서 태어나고 자란 한국인은 연방제가 도대체 왜 필요한지 잘 이해하지 못한다. 연방제가 민주주의와 무슨 관계인지 생각해본 사람도 거의 없다. 연방제까지는 가지 못해도, 그와 취지 면에서 상당히 상통하는 지방분권과 지방자치에 대해서도 왜 필요한지 모르는 사람이 대부분이다. 대한민국이 건국된 이후 헌법에 지방자치를 명기하고 지방자치법을 제정했으나 오랜 군사독재하에서 유명무실했고 1990년대 문민정부에 들어와서 어느 정도 실행했으나 자치라고 말하기에는 아직 크게 부족하다.

현재 한국은 평균 인구 21만이라는 세계 최대 규모의 기초정부를 가지고 있으며, 기초정부 산하의 읍면동은 자치적 성격을 찾기 어

---

[27] 장영철, 「지방분권강화 방안으로서 연방국가 원리에 관한 고찰」, 『헌법학연구』, 22-1, 2016, 254~255쪽.

려운 일선행정기관에 그치고 말았다.[28] 민주주의 선진국에서는 지방자치를 위한 기초단위가 대개 수천 명, 많아야 수만 명을 넘지 않는데 한국의 지방자치는 규모 면에서 자치가 가능한 수준을 넘고 있다. 자치를 왜 해야 하는지를 전혀 이해하지 못한 제도라고 말하지 않을 수 없다.

지방자치가 어느 정도 이루어지려면 주민이 돌아가며 통치하는 수준에는 미치지 못하더라도, 정책과제 설정, 예산안 편성,[29] 주민투표, 주민소환 등을 통해 시민이 지방행정을 감시하고 견제할 수 있어야 할 텐데, 현재 한국의 지방자치는 이 수준에 크게 미치지 못한다. 지방자치체에 상당한 수준으로 독립된 입법권과 사법권이 없을 뿐만 아니라 지방자치체에서 제정한 조례를 행정안전부 장관이 거부할 수도 있다. 시민의 대변자가 만든 조례를 행정관료가 거부하는 판이니 이름뿐인 지방자치라 해도 과언이 아니다.

민주주의가 뿌리를 내리고 정착하려면 작은 공동체에서의 직접 정치 경험이 중요하다는 사실은 모든 정치 선진국에서 공통적으로 받아들이고 있다. 지방자치, 지방분권, 연방제에서 이상적으로 여기는 지방은 현재 한국의 지방자치체처럼 중앙이 일방적으로 지원

---

28 안성호, 「스위스 코뮌자치의 현실과 교훈」, 『지방행정』 60, 대한지방행정공제회, 2011, 33쪽.
29 윤성일, 박형근, 조병우, 「예산과정에의 주민참여 권한 확장에 관한 연구―주민참여예산제도의 제도화를 중심으로」, 『한국사회와 행정연구』 33-1, 서울행정학회, 2022.

하고 통제하는 대상이 아니다. 중앙정부와 지방정부의 정상적인 관계는 상호 협력과 견제다. 지방이 중앙을 견제할 때 진정한 분권이라고 말할 수 있으며 이것이 살아 있는 지방자치다. 장기 지속의 민주주의를 위해 연방제와 지방자치에 대한 깊이 있는 논의는 반드시 필요하다.

자전거 페달 밟기를 멈추지 마라

민주주의에는 완성이 없다. 민주주의는 언제나 진행형이며 과정일 뿐이다. 민주주의가 일정한 수준에 도달했다 싶어도 독재로 돌아가기 일쑤다. 민주주의의 후퇴와 침몰은 순식간에 일어난다. 고대 아테네의 민주주의는 바로 참주의 도전을 받았고, 민주주의와 가까운 체제인 공화정은 고대 로마에서 바로 군주정으로 넘어가고 말았다. 플라톤은 『국가』에서 과두정에서 민주정이 생겨나고 이어서 참주정이 나온다고 보았는데, 이는 일반 이론을 제시한 것이기도 하지만 실제 역사 전개를 말한 것이기도 하다. 플라톤은 언제나 한 사람을 눈에 띄게 앞장세우고 키워주려는 속성이 민중에게 있다고 했다. 민중의 이런 생각 때문에 참주가 나타난다고 보았다.[30] 인

---

30 플라톤, 『국가』, 496쪽.

간의 본성이 누군가를 영웅화하고 숭배하려는 경향이 있다는 것이다. 민주주의를 온전히 유지하려면 영웅 숭배를 배격하는 시민의 각성이 필요하다.

근대에도 플라톤과 비슷한 주장을 펼친 사람이 있으니 로베르트 미헬스다. 미헬스는 『정당론』의 결말 부분에서 모든 형태의 지배를 거부한 무정부주의자 프루동이 1850년 감옥에서 썼다는 말을 인용했다. 프루동은 인류는 지배하기보다는 지배당하고 싶어한다면서 자기는 이런 인류를 혐오한다고 했다.[31] 지배당하고 싶어하는 인간의 본성은 무정부주의자에게는 치명적인 사실이다. 그것이 본성이라면 무정부주의나 민주주의의 지속은 어쩌면 애초부터 불가능한 이상인지 모른다. 미헬스는 민주주의가 바람직하지만 대중의 정신적 무기력과 지도자들의 지배력이 결합하여 과두정으로 연결될 수밖에 없다고 보았다. 그는 어떤 민주주의 공동체라도 소수가 지배하는 과두정으로 귀결된다고 하면서, 이를 '과두정의 역사적 필연성'이라고 불렀다.[32] 실제로 그의 이론은 당시 유럽 사회주의의 간판인 독일 사회민주당이 제1차 세계대전에 동의하는 등 정치적 의견에 굴절을 보이는 과정에서 입증되었고, 후에 독일 바이마르 공화국의 민주주의가 히틀러의 전체주의로 귀결되는 과정을 통해 재차 확인되었다.

---

31 미헬스, 앞의 책, 513쪽.
32 위의 책, 508쪽.

선진 민주주의 국가에서도 어렵지 않게 민주주의의 후퇴가 일어난다면 민주주의 전통이 일천한 한국은 두말이 필요 없다. 정치학자 스티븐 레비츠키는 트럼프 대통령 당선 후 미국의 민주주의가 후퇴하는 것을 보며 『어떻게 민주주의는 무너지는가』라는 책을 썼다. 여기서는 린츠 교수의 『민주주의 정권의 몰락1978』에 나오는 잠재적 독재자를 감별하는 네 가지 신호를 인용했다. 말과 행동에서 민주주의 규범의 거부, 경쟁자의 존재 부인, 폭력의 용인 또는 조장, 언론 자유 등 반대자의 기본권 억압.[33] 트럼프 대통령에게 이 기준을 적용하면 그가 독재자에 가깝다는 것을 알 수 있다. 그리고 한국의 역대 대통령에 적용하면 누가 민주주의에 가깝고 누가 독재자에 가까운지 어렵지 않게 알 수 있다.

한국의 민주주의는 토대가 약하다. 설사 민주주의가 약간 진전했다고 해도 언제든지 후퇴할 수 있다. 어떤 사람을 영웅화하면서 그의 지배를 받아들이려는 성향이 서양보다 강하니 독재로 회귀할 가능성 또한 높다. 우리가 과연 우리 공동체의 주인인지 계속 반성하지 않으면, 또 매 순간 우리가 누구를 영웅화하지 않는지를 반성하지 않으면, 민주주의는 순식간에 침몰한다. 따라서 현재 한국 민주주의의 과제는 두 방향으로 진행되어야 한다. 하나는 민주주의를 향해 한 발 더 나아가는 것이며, 다른 하나는 힘겹게 이룬 현재의

---

33 스티븐 레비츠키, 대니얼 지블랫, 박세연 옮김, 『어떻게 민주주의는 무너지는가』, 어크로스, 2018, 31쪽.

민주주의가 뒤로 물러나지 않게 지키는 일이다.

민주주의를 진전시키고 또 지키려면 스스로의 부족함부터 깨달아야 한다. 깨달음은 한국 사회에서 시민이 공동체의 주인으로서 충분한 권리를 누리고 있는지 반성하는 데서 출발한다. 내가 다른 누구와 뒤지지 않게 대등하고 자유롭게 발언할 수 있는지, 공동체의 일원으로 공동체의 중대한 사안에 대해 최종적 판단을 내리는 데 평등하게 참가하고 있는지 돌아보는 것이다. 이런 권리가 충분하지 않다면 어떻게 하면 그것을 얻을 수 있는지 고민해야 한다. 현재의 민주주의를 반성하기 위해서는 부족한 부분을 구체적으로 알아야 하며 그러기 위해서 교육이 필요하다.

아리스토텔레스는 정체의 보존에 기여하는 모든 조처 중 가장 중요한 것이면서도 오늘날 가장 등한시하는 것이 정체의 정신에 맞는 교육이라며 정치교육의 중요성을 강조했다.[34] 최고의 정치체제를 지키려면 교육이 반드시 필요한데 그것을 등한히 여긴다는 것이다. 이는 현대 한국에도 그대로 적용될 수 있으니 민주공화국을 표방하면서도 시민에게 민주주의, 공화주의의 정신을 가르치는 교육이 이뤄지지 않는다. 무엇이 민주주의 정신이며 무엇이 공화주의 정신인지 제대로 알려주는 교육자도 없다. 형식상의 교육이야 없지 않겠지만 힘을 주어 실천하게 하는 본격적인 정치교육이 없다. 그런데

---

34   아리스토텔레스, 『정치학』, 300쪽.

당장 하려고 해도 그런 교육을 할 수 있는 사람이 이 시대에 있는지도 의문이다.

마사 누스바움은 대학 교육의 중심에 민주주의 시민 교육을 두고 역사, 문학, 예술 등을 통해 공감, 비판 능력, 상상력을 배워야 한다고 말했다.[35] 대학 교육의 중심에 정치교육을 두고 각종의 교양 교육을 통해 목표를 달성해야 한다는 말이다. 정치교육은 '정치학개론'이나 '정치학입문'과 같은 수업을 듣고 책을 배우는 것으로 이뤄질 수 없다. 한국의 정치학 입문서들은 대개 정치를 역사적으로 또는 현상으로 설명한 것에 불과하다. 일반 시민에게 필요한 민주주의 교육은, 민주주의가 왜 필요한지, 민주주의를 하려면 어떻게 행동해야 하는지, 시민에게 요구되는 자세는 무엇인지, 이런 것들을 알려주고 구체적으로 깨닫게 해주는 것이어야 한다. 물론 이런 부분을 듣고 알게 하는 것으로 교육이 끝날 수 없으며, 이런 것을 알게 하는 데서 교육이 시작되어서도 안 된다.

민주주의는 이론이 아니라 실천이다. 책만 읽는 관념적인 이론 학습으로는 민주주의가 몸에 달라붙기 어렵다. 근본적으로 가르침과 배움이라는 일방소통적 교육 행위 자체가 민주적이지도 않다. 교육자와 피교육자 사이에 대등성이 없는 비민주적인 일방적 훈시로 정치교육이 제대로 이루어질 리 없다. 미국의 배심원제를 민주

---

35 마사 누스바움, 우석영 옮김, 『공부를 넘어 교육으로』, 궁리, 2011(원저 2010).

주의를 가르치는 효과적인 교육이라고 했던 토크빌의 말을 되새길 필요가 있다. 히틀러의 국가사회주의를 경험한 아픔이 있기에 민주주의 교육에 더욱 신경을 쓴 독일은 연방정치교육원을 비롯한 여러 연관 재단이 정치교육을 진행해왔는데, 이들 교육의 핵심 사상은 '민주주의는 체험되어야 한다'는 것이다. 체험만큼 좋은 민주주의 교육은 없다.[36] 정치교육이 무엇인지 깊이 생각하고 어떻게 민주주의를 체험하게 할지 고민하면서 교육과정을 만들어가야 한다.

한국 대학에서 가르치기도 했던 미국학자 로버트 파우저는 한국인에게 더 나은 민주주의에 대해 조언하면서 민주주의의 성패는 시민의 자질에 달려 있다고 했다. 시민의 자질이란 결국 공동체에 대한 관심과 참여라고 말하면서 참여를 높이기 위해 오스트레일리아처럼 의무투표제를 도입할 필요가 있다고 했다.[37] 의무투표 또는 강제투표는 현재 적지 않은 국가에서 처벌의 강약을 달리하며 시행중인데, 이런 제도를 통해서라도 시민이 자기 공동체에 대한 책임을 느낄 수 있도록 해야 한다는 것이다. 선거 참여는 무엇보다 중요한 정치 체험이자 교육이다. 이런 것들을 포함하여 한국 시민이 민주주의에 눈을 뜨고 또 민주주의를 지켜나가야겠다고 결심할 수 있도록 어떤 교육이 필요한지 널리 검토하고 한국 현실에 맞는 것들을

---

36   홍익표, 앞의 글, 311~330쪽.
37   로버트 파우저, 『미래 시민의 조건 ― 한국인이 알아야 할 민주주의 사용법』, 세종서적, 2016, 26쪽 및 184쪽.

창안하거나 도입해야 한다.

자전거는 페달 밟기를 멈추면 넘어진다. 민주주의도 교육과 체험을 하지 않으면 무너진다. 정치교육이 중요치 않은 공동체가 없겠지만, 한국처럼 민주주의가 기로에 선 나라에서 교육은 더욱 절실하다.

소로, 아도르노, 그리고 독립적 시민

민주주의 교육의 핵심은 민주 시민을 기르는 것이다. 그렇다면 민주주의를 뒷받침하는 민주 시민은 어떤 사람일까? 서양의 정치철학자, 사상가들은 모두 민주주의 또는 공화정의 정치체제에 맞는 시민상에 대해 고민했다. 여기서는 정치사상가들이 공통으로 논하는 바탕으로서의 주인의식을 가진 독립적 시민과 공동체의식에 대해 논하기로 한다.

시민이 노예적 사상을 가지고 권력에 굴복하고 순응하는 곳에서 민주주의가 자랄 수는 없다. 민주주의가 공동체에 단단히 뿌리를 내리기 위해서는 다른 누구에게 의존하지 않는 독립한 개인과 자신이 공동체의 주인이라는 주인의식을 가진 시민이 있어야 한다. 내가 내 삶의 주인이며 내 공동체의 주인 또한 다른 누군가가 아니라 나 자신이라고 생각하는 것이다. 이런 생각을 치열하게 밀고 나간 사람으로 '시민불복종'의 개념을 처음 사용한 소로를 꼽을 수 있다. 그는 자기 삶의 진정한 주인이 되는 실험을 위해 반경 1마일 내에 아무도 살지 않는 고립된 호숫가에서 2년 이상을 살았다.[38] 그는 당시 미국의 노예제를 비판했는데 스스로도 노예의 삶을 살지 않으려고 노력했다.

고립된 호숫가의 삶을 그린 책 『월든 Walden, 1854』에서 소로는 이익과 일에 쫓겨 자기 존재의 가치를 돌아보지 못하는 삶을 또다른 의미에서 노예의 삶으로 보았다. 부지런히 짐을 싣고 말을 몰아 시장으로 달려가는 마부의 삶에서 인간 존재의 신성함이 보이지 않으니, 이 마부는 그저 일의 노예일 뿐이라고 했다. 일의 노예가 되어 자기 삶의 주인이 되지 못하는 사람이 어떻게 자기가 속한 공동체의 주인이 될 수 있겠는가?

소로는 공동체 내에서도 노예가 아닌 주인으로 살고자 했다. 공동체에 속한 개인으로서 일정한 제한이 없을 수는 없지만, 가능한 한 주인으로서 개인의 독립성을 주장했고, 또한 공동체가 추구하는

---

38 소로의 정신과 사상은 많은 사람에게 영향을 주었다. 소로가 월든 호숫가에 살았던 경험에 영감을 받은 아일랜드의 시인 예이츠는 이니스프리로 갔고, 간디의 비폭력 불복종 사상은 소로의 시민불복종에서 영향을 받은 것으로 알려졌다. 무소유로 유명한 법정 스님도 이에 깊은 감명을 받았다 한다. 월든은 보스턴 근처 콩코드에 있는 작은 호수로 콩코드는 미국 독립전쟁의 발발지로 유명하다. 소로의 무덤은 인근 슬리피할로우 공동묘지(Sleepy Hollow Cemetery)에 있는데, 공책만한 크기의 작은 묘지석에 그의 이름 "HENRY"만 적혀 있다. 미국에서 가장 유서 깊은 공동묘지라 이곳에는 각계의 유명인 무덤이 많은데 소로의 무덤은 그중에서도 가장 많은 사람이 찾는다.

일에 대해 자기 일처럼 의견을 내고 역할을 하고자 했다. 소로는 국가는 개인의 고귀함과 독립성을, 그리고 국가의 힘과 권위가 이런 개인에게서 나온다는 사실을 인정해야 한다고 했다.[39] 자기 삶의 주인이 자신이듯이 국가의 주인 또한 독립한 시민 개인이라는 것이다. 소로는 노예제를 계속 유지하면서 이웃 멕시코를 침략하는 미국 정부를 용납할 수 없었다. 그는 부도덕한 정부에 복종하지 않는다는 표시로 세금 납부를 거부했고 그로 인해 감옥에 갇혔다. 그의 행동 방식에 동의하지 않을 수 있으나, 그와 같은 단단한 주인의식이 민주주의의 초석이라는 사실은 받아들이지 않을 수 없다.

공동체로부터 독립한 개인의 중요성에 대해서는 독일의 계몽주의 철학자 아도르노도 강조한 바 있다. 그는 1966년 헤센 방송국에서 행한 강의에서 '모든 정치 수업은 아우슈비츠가 다시는 일어나지 않게 하는 데 초점을 맞추어야 한다'고 말했다. 그러면서 아우슈비츠에서 나치가 유대인을 가스실로 보내 학살한 사건이 반복되지 않으려면 어떤 집단이더라도 그것을 맹목적으로 우위에 두는 일은 막아야 한다고 했다.[40] 국가든 사회단체든 나치처럼 어떤 집단이 개인 위에 군림하는 일을 막지 못하면 학살은 언제든지 되풀이될 수 있다. 집단이 개인 위에 군림하지 못하도록 독일에서는 강한 자아

---

39   헨리 데이비드 소로, 조애리 옮김, 『시민불복종』, 민음사, 2020, 39쪽.
40   테오도어 W. 아도르노, 홍은영 옮김, 『성숙을 위한 교육』, 문음사, 2021(원저 1971), 126쪽 및 116쪽.

를 가진 개인을 기르는 것을 교육의 가장 중요한 목표로 삼았다.[41] 강한 자아란 누구에게 의존하지 않고 스스로를 주인으로 여기는 독립적인 자아다.

  인간이 독립적인 자아로 살아가기란 결코 쉽지 않지만 많은 걸림돌 중에도 가장 큰 것은 경제 문제다. 앞에서 소로가 말한 것처럼 생계에 급급한 노예가 되지 않아야 하며, 경제적 이유로 다른 사람의 노예가 되어서도 안 된다. 좋은 사회, 좋은 공동체가 되기 위해서는 누가 누구의 경제적 노예가 되게 해서는 안 되니 이런 고민은 고대부터 있었다. 플라톤은 『법률』에서 미덕과 거부巨富는 양립할 수 없다면서, 각자 할당받은 토지를 기준으로 삼아 한 사람이 그 가치의 네 배까지 소유하는 것을 허용하게 하고 그 이상을 취득하면 그 잉여분을 국가와 국가의 수호신에게 바치게 하자고 했다.[42] 플라톤은 남보다 월등히 부자로 사는 것은 도덕적이지 않다고 했으니, 그런 사람이 존재하는 공동체에서 다른 시민들은 노예를 면치 못할 것이다. 노예 상태를 조장하는 사람이 도덕적일 수 없는 법이다.

  경제 문제를 민주주의 또는 공화주의 정신과 연결하여 이해하려는 모습은 미국 건국기 지식인들에게서도 찾아볼 수 있다. 제퍼슨은 대규모 제조업이 독립성이라는 시민적 덕목을 해칠 수 있다고 보았다. 시민이 공장의 직원이 되어 사장과 직원의 위계에 편입되

---

41   김누리, 앞의 책, 43쪽.
42   플라톤, 『법률』, 242쪽 및 245쪽.

면 개인의 자립성이 훼손될 수밖에 없다고 생각했다. 그리고 노예가 된 시민은 미국의 민주적 이상을 실현할 수 없을 테니, 그럴 바에는 공산품을 유럽에서 수입하더라도 미국은 농업국가를 유지하는 편이 좋겠다고 말했다.[43] 미국이 비록 경제 부분에 손해를 본다고 해도 개인의 독립과 자유를 지키는 편이 미국을 위해서 좋다고 여긴 것이다. 민주주의를 지켜나가려는 미국인의 고민이 얼마나 철저했는지 엿볼 수 있는 대목이다.

한국에서 민주주의를 지키는 데 바탕이 되는 독립적 시민을 육성하기 위해 어떤 고민, 어떤 노력을 해왔는지 나는 알지 못한다. 더욱이 이를 위해 경제적 불평등을 해소해야 한다든지 경제성장이라도 일부 희생할 수 있다든지 하는 논의는 더더욱 보지 못했다. 하루하루 먹고살 것을 염려하면서 독립적 시민이 되기는 어렵다. 자기 몸 누일 제대로 된 방 하나 얻지 못해 지하방, 반지하방을 전전하면서 어떻게 당당한 시민이 되겠는가. 한국 경제가 지난 세기처럼 세계 최빈국의 상황이라면 어쩔 수 없다고 하겠지만 이제는 그런 말을 할 수준이 아니다. 한국 시민 모두를 독립한 당당한 시민으로 만들어야 우리 민주주의가 튼튼하게 유지될 수 있다. 동료 시민의 주거권 확보를 지지하고, 돈보다는 시민들의 건강을 지키기 위해 클라인가르텐을 만드는 베를린 사람들의 정신을 배울 필요가 있다.

---

[43] 마이클 샌델, 이경식 옮김, 『당신이 모르는 민주주의』, 미래엔, 2023(원저 1996), 40쪽.

모든 시민이 당당하고 건강한 민주주의 체제가 한국을 행복한 나라로 만들 것임은 의심의 여지가 없다.

민주주의로 가기 위해서는 개인의 독립성과 함께 공동체의식도 반드시 필요하다. 독립한 개인과 공동체의식은 얼핏 상반된 것처럼 보이지만, 노예로서 공동체에 복종하는 의식이 아닌 주인으로 공동체를 끌고 가려는 공동체의식은 민주주의를 지키기 위해 꼭 필요하다. 민주주의에서 공동체의식은 공동체를 위해 개인이 일방적으로 희생하는 것이 아니라 공동체의 주인으로 공동체의 일에 적극 참여하는 것을 뜻한다. 주인집을 지켜주는 공동체의식이 아니라 자기 집을 지키는 공동체의식이다. 공동체의 주인이라면 당연히 공동체에 대한 책임도 함께 져야 한다. 공동체의 일원으로 자유롭고 안전한 활동을 보장받으면서 그 공동체의 안위를 돌보지 않는 것은 무책임하다. 민주주의는 공동체에 기여하는 자에 의해 유지된다.

고대 아테네 민주주의의 초석을 다졌을 뿐만 아니라 당당히 그 의의를 자랑한 페리클레스는 아테네 시민은 정치에 무식하지 않다면서 아테네 시민만이 정치에 참여하지 않는 사람을 무용지물로 여긴다고 했다.[44] 민주주의 아테네에는 따로 정치가라 할 사람이 없다. 민주주의를 채택했으니 모두가 정치가요 동시에 시민이었다. 그러니 정치가가 가사를 돌보고 시민이 정치에 무식하지 않은 것이 당

---

44 투키디데스, 천병희 옮김, 『펠로폰네소스 전쟁사』, 숲, 2011, 170~171쪽(제2권 40).

연하다. 다른 정치체제에서야 시민들이 정치에 쉽게 관여하지 못하지만 아테네에서는 모두가 정치인이니 정치에 참여하지 않은 사람을 공동체에 기여하지 않는 무용한 사람으로 여길 수밖에 없었다. 영어에서 바보를 가리키는 말인 '이디어트^{idiot}'는 그리스말 idiōtēs에서 나왔는데, 이는 원래 공직에 나가지 않은 사인^{私人}을 가리키는 말이었다. 여기에 경멸적 의미가 더해지며 쓸모없는 바보를 가리키게 되었다.

한국에서는 정치를 탐욕스러운 사람만 하는 지저분한 일로 여긴다. 모두가 참여하는 민주주의가 정착하지 않았으니 그 틈에 권력욕이 강한 사람들이 정치를 하겠다고 나섰고 그들이 마치 정치 전문가인 양 행세하며 일반 시민의 정치 진입을 막았다. 정치판이 진흙탕이 되자 깨끗하게 살고 싶은 사람은 정치를 꺼리게 되었고 정치 비판과 기피가 하나의 사회 풍조로 자리잡았다. 사정이 이렇다 보니 정치가 엄연히 자기의 권리이자 의무인데도 시민은 정치에서 멀어졌고 자기도 모르게 '이디어트'가 되었다. 한국 시민이 이디어트가 된 것은 근본적으로 한국이 제대로 된 민주주의 국가가 아니기 때문이다. 시민이 정치에 접근하기 어렵게 해놓았으니 정치에 참가하지 못했을 뿐이다. 이제 한국 시민들은 한국이 진정한 민주주의 국가가 되도록 요구하고 또 요구해야 한다. 시민이 진정 공동체의 주인이 되어야 한다.

맺음말
정치체제는 공기와 같다

　민주주의를 공부하면서 아테네를 여행하고 크게 감동했던 나는 고대 그리스 문화의 흔적이 그리스 이상으로 잘 남아 있다는 튀르키예가 궁금해졌다. 그사이 민주주의 공부가 좀더 되어서 그런지 튀르키예에 가보니 고대도시의 구조가 눈에 들어왔다. 튀르키예 서부에는 수많은 고대 그리스와 로마의 옛 도시들이 있다. 고대에는 이 땅이 그리스, 로마의 강역이었던 것이다. 그런데 이들 도시의 구조는 모두 아테네와 비슷했다. 아테네는 중심부 높은 자리에 신전이 있는 아크로폴리스가 자리하고 그 아래에 극장, 경기장 등 공공시설과 시장인 아고라가 있으며, 그 옆에 민회가 열렸던 프닉스가 있다.
　민주주의 체제의 고대 아테네는 전제 왕정의 조선 서울과는 완전히 다른 도시 구조를 가지고 있다. 서울은 도시의 중심에 임금이 머

무는 궁궐이 있으며 궁궐의 중심에 임금의 처소가 있다. 한국에서 권력은 늘 중심에 그리고 높은 곳에 위치하며, 부속시설은 모두 중심에 있는 권력을 보조하고 후원한다. 그런데 민주주의 국가에서는 이런 중심 권력이 없다. 왕이 없으니 궁궐이 있을 리 없다. 대신 시민들이 모여 즐기고 의견을 나누는 공공의 공간이 있을 뿐이다. 정치체제가 다르니 도시 구조까지 완전히 다르다.

튀르키예 서부의 여러 고대도시는 기본 구조가 아테네와 다르지 않다. 도시 중심 곳곳에 시민이 모일 수 있는 극장, 경기장, 목욕탕 외에 정치집회가 개최되는 극장과 유사한 형태의 공회당^{bouleuterion}이 있다. 조각의 도시로 유명한 아프로디시아스는 물론, 해발 천 미터가 넘는 고지대에 위치한 테르메소스까지 이런 형태의 공회당이 있다. 그들의 정치체제가 민주주의였는지 공화정이었는지 다른 어떤 것이었는지 알지 못하나, 도시 구조가 전제 왕정이 아님을 말하고 있다.

고대 그리스와 로마의 유적을 찾아 여행하면서 내가 얼마나 비민주적인 공간에서 살아왔는지를 절실히 느꼈다. 이들 도시를 보고 다시 현대 한국 서울의 도시 구조를 보면 한국은 여전히 민주주의가 아니라 권위주의 국가다. 서울 서초동에는 주변을 압도하는 위압적인 고층 건물 몇 동이 대로를 마주보고 서 있다. 대법원, 대검찰청, 서울중앙지방검찰청이다. 이름부터 '대'자와 '중앙'을 붙여가면서 자신의 막강한 권력을 과시한다. 위압적인 법원과 검찰 건물은 전근대 재판장에서 백성은 마당 칠성판 위에 엎드려 있고 판관은 관청 마루 높은 곳에 앉아서 호통치고 판결하는 이미지와 겹쳐 보인다. 법원과 시민, 검찰과 시민의 관계가 지배자와 피지배자의 관계로 보이도록 위압적인 모습으로 건물들이 서 있다.

천 년 공화국으로 유명한 베네치아의 중심 광장인 산마르코 광장에는 통치자의 동상이 없다. 시민 모두가 실질적인 통치자였으니 누구의 동상을 따로 세울 수 없었던 것이다. 괴테는 베네치아를 방문한 소감으로 '자신을 둘러싼 모든 것이 한 지배자가 아닌 한 민족의 자랑스러운 기념비'라고 말했다.[1] 베네치아의 위대한 업적은 한두 명의 지배자에게서 나온 것이 아니라 시민 모두의 것이라 더욱 존경스럽다는 뜻이다.

인간 사회에서 정치체제란 공기와 같다. 공기 중에는 맑은 공기도 있고 탁한 공기도 있는데, 탁한 공기에서 태어나 자란 사람은 자신이 마시는 공기가 탁하다는 걸 알지 못한다. 그렇지만 한 번이라도 맑은 공기에서 숨을 쉬어보았으면 다시는 탁한 공기로 돌아갈 수 없다. 동아시아 사람들은 수천 년을 전제 왕정에서 살아도 그것이 탁한 공기인지 알지 못했다. 민주주의를 약간 호흡한 다음에야 맑은 공기의 존재를 알게 되었으나 아직 어떻게 맑고 깨끗한 대기를 만들지는 알지 못한다.

---

[1] 요한 볼프강 폰 괴테, 안인희 옮김, 『이탈리아 기행』, 김영사, 2016, 113쪽. 1786년 9월 29일 조.

나는 지금까지 우리의 중앙지향적 사유가 중앙집중적 공간을 만들었다고 생각했다. 그런데 고대 그리스와 로마의 도시를 돌아보면서 역으로 중앙집중적 공간이 중앙지향적 사유를 공고히 만들었다는 생각을 가지게 되었다. 사유가 공간을 만들기도 하지만 역으로 공간이 사유를 지배한다는 사실을 깨달은 것이다. 수직적 인간관계와 권위적 언어 사용 그리고 중앙집중적 공간 구조에서 살아온 사람이 민주적 사유를 익히려면 철저한 반성이 필요하다.

오랜 시간 고대 그리스와 로마를 전범으로 삼아 공부해온 서양에서도, 중세, 근대는 물론 현대까지도, 민주, 공화, 자유, 평등에 대한 고민과 반성을 그치지 않고 있다. 저명한 사상가 중에 이들 주제를 깊이 들여다보지 않은 사람이 없으며, 이는 문학 분야에서도 다르지 않다.

근대 서양에서 가장 앞선 민주주의를 보여주었던 영국의 경우도 잘 알려진 토머스 모어의 『유토피아』나 조나단 스위프트의 『걸리버 여행기』에는 좋은 정치체제에 대한 고민이 담겨 있고, 최초의 근대 영국소설로 알려진 『로빈슨 크루소』보다 한 세대 앞에 나타나 소설사의 지형도마저 바꾸게 한 여성작가 애프라 벤의 『오루노코』 또한 자유를 갈망하는 노예를 그렸다. 19세기에는 나중에 총리가 된 디즈레일리 등이 정치소설을 써서 이것이 일본을 거쳐 한국의 신소설에까지 영향을 주었으며, 20세기에는 조지 오웰의 『동물농장』 『1984』 등 수많은 정치적 상상력을 동원한 소설이 창작되었다.

이처럼 오래 민주적 전통을 이어온 곳에서도 이성은 물론 상상력까지 최대한 동원하여 더 나은 정치, 더 나은 공동체가 무엇인지 따지고 그리며 분투했다. 그런데 한국은 아직 사상이나 문학이나 당장의 척박한 현실에서 크게 벗어나지 못하고 좋은 정치, 더 나은 사회를 멀리 바라보며 꿈꾸고 그리지 못하고 있다.

칸트는 자기 잘못으로 인해 생긴 미성년 상태에서 벗어나는 것이 계몽이라 했다.[2] 그러면서 계몽으로 가기 위해서, 과감히 알려고 하고 또 자기 자신의 지성을 사용할 용기를 가져야 한다고 했다. 무지를 인정하고 또 거기서 벗어나려고 각고의 노력을 하지 않는다면 민주주의는 결코 자신의 진면목을 보여주지 않을 것이다.

---

2 이마누엘 칸트 외, 임홍배 옮김, 『계몽이란 무엇인가』, 도서출판 길, 2020(원저 1784), 28쪽.

참고문헌

한국서

권용립, 『공화국―민주주의를 위한 제도와 정신의 세계사』, 나남출판, 2022.
김누리, 『경쟁 교육은 야만이다』, 해냄, 2024.
김만권, 『참여의 희망-광장에서 민주주의를 만나다』, 한울, 2009.
김석근 외, 『현대한국정치사상』, 아산서원, 2014.
김영란, 『김영란의 열린 법 이야기』, 풀빛, 2016.
김인회, 『시민의 광장으로 내려온 법정―시민을 위한 배심재판 입문』, 나남, 2016.
김진경, 『오래된 유럽―당신들이 아는 유럽은 없다』, 메디치미디어, 2021.
김홍우, 『한국 정치의 현상학적 이해』, 인간사랑, 2007.
남종국, 『중세 해상제국 베네치아』, 이화여자대학교 출판문화원, 2020.
대천덕(Reuben Archer Torrey III), 『토지와 경제정의』, 홍성사, 2003.
마크 피터슨, 신채용 지음, 홍석윤 옮김, 『우물 밖의 개구리가 보는 한국사』, 지식의숲, 2022.
로버트 파우저, 『미래 시민의 조건―한국인이 알아야 할 민주주의 사용법』, 세종서적, 2016.
문수현, 『주택, 시장보다 국가―독일 주택정책 150년』, 이음, 2022.
문준영, 『법원과 검찰의 탄생―사법의 역사로 읽는 대한민국』, 역사비평사, 2010.

박경신, 『진실 유포죄 — 법학자 박경신 대한민국 표현의 자유 현주소를 말하다』, 다산초당, 2012.
박권일, 『한국의 능력주의』, 이데아, 2021.
박맹수, 『생명의 눈으로 보는 동학』, 모시는사람들, 2014.
박상준, 『역사와 함께 읽는 민주주의』, 한울, 2020.
박상훈, 『민주주의의 시간』, 후마니타스, 2017.
박성우(플라톤), 『국가』, 서울대학교 출판문화원, 2022.
박성제, 『MBC를 날리면 — 언론인 박성제가 기록한 공영방송 수난사』, 창비, 2023.
박흥식, 『중세와 그리스도교』, 홍성사, 2024.
서울대학교 정치외교학부 정치학전공 교수진, 『정치학의 이해(제2판)』, 박영사, 2019.
송호근 외 공저, 『시민정치의 시대』, 나남출판, 2022.
신용하, 『(신판) 독립협회 연구(상, 하)』, 일조각, 2006.
안경환, 『미국 헌법의 이해』, 박영사, 2014.
안도경 외, 『1948년 헌법을 만들다 — 제헌국회 20일의 현장』, 포럼, 2023.
안천식, 『(법조계의 투명가면) 전관예우 보고서』, 옹두리, 2020.
양수정, 『하늘을 보고 땅을 보고 — 내가 지켜본 사형장 이십칠 개월』, 인문출판사, 1971(증보판).
오현철, 『토의민주주의』, 전북대학교 출판문화원, 2018.
이계수, 『반란의 도시, 베를린』, 스리체어스, 2023.
이계희, 『현대 중국정치 — 제도와 과정』, 충남대학교 출판문화원, 2012.
이국운, 『법률가의 탄생, 사법 불신의 기원을 찾아서』, 후마니타스, 2012.
이래경, 『시민주권 시대의 정치경제론』, 다른백년, 2020.
이범준, 『헌법재판소, 한국현대사를 말하다』, 궁리, 2009.
이승만, 『독립정신』(우남 이승만 전집 1), 연세대학교 대학출판문화원, 2019.
이승종, 김혜정, 『시민참여론』, 박영사, 2018.
이영희, 『전문가주의를 넘어 — 과학기술, 환경, 민주주의』, 한울아카데미, 2021.
이준웅, 『말과 권력』, 한길사, 2011.
이지문, 『추첨 민주주의 강의』, 삶창, 2015.
이헌홍, 『한국송사소설연구』, 삼지원, 1997.

임혁백, 『민주주의의 발전과 위기』, 김영사, 2021.
전인권 외, 『독립신문 다시 읽기』, 푸른역사, 2004.
전진성, 『상상의 아테네, 베를린, 도쿄, 서울―기억과 건축이 빚어낸 불협화음의 문화사』, 천년의상상, 2015.
정인진, 『이상한 재판의 나라에서―우리 사법의 우울한 풍경』, 교양인, 2021.
조국, 『조국의 법고전 산책』, 오마북, 2023.
조대엽 외, 『한국 민주주의의 새 길―직접민주주의와 숙의의 제도화』, 경인문화사, 2022.
조은혜, 『'팬덤 정치'라는 낙인』, 오월의봄, 2023.
조지형, 『헌법에 비친 역사』, 푸른역사, 2007.
주성수, 『시민참여와 정부정책』, 한양대학교 출판부, 2004.
주원준, 『인류 최초의 문명과 이스라엘』, 서울대학교 출판문화원, 2022.
진시원, 홍익표, 『왜 시민주권인가?』, 부산대학교 출판부, 2016.
참여연대 사법감시센터, 『현재의 판결, 판결의 현재―판결비평 2015-2019』, 북콤마, 2019.
청와대 지음, 『문재인 대통령 헌법개정안』, 더휴먼, 2022.
최자영 외, 『나는 시민이다―그리스와 로마에서 만나는 최초의 시민들』, 아카넷, 2021.
최정운, 『한국인의 탄생』, 미지북스, 2013.
허승일, 『로마사―공화국의 시민과 민생정치』, 나녹, 2019.
홍익표 외, 『시민주권과 민주시민교육』, 부산대학교 출판문화원, 2021.

번역서

가드너, 하워드, 문용린 옮김, 『다중지능』, 웅진지식하우스, 2007.
가라타니 고진 지음, 고아라시 구하치로 들음, 조영일 옮김, 『정치를 말하다』, 도서출판b, 2010.
가라타니 고진, 조영일 옮김, 『철학의 기원』, 도서출판b, 2015.
괴테, 요한 볼프강 폰, 안인희 옮김, 『이탈리아 기행』, 김영사, 2016.

나카에 초민, 연구공간 '수유+너머' 일본근대사상팀 옮김, 『삼취인경륜문답』, 소명출판, 2005.

누스바움, 마사, 우석영 옮김, 『공부를 넘어 교육으로』, 궁리, 2011.

달, 로버트, 조기제 옮김, 『민주주의와 그 비판자들』, 문학과지성, 1999.

라이언, 앨런, 남경태, 이광일 옮김, 『정치사상사―헤로도토스에서 현재까지』, 문학동네, 2017.

랑시에르, 자크, 양창렬 옮김, 『정치적인 것의 가장자리에서』, 도서출판 길, 2008.

량치차오, 강중기, 양일모 옮김, 『음빙실자유서』, 푸른역사, 2017.

랜드모어, 엘렌, 남상백 옮김, 『열린 민주주의―21세기 민주주의의 재발명』, 다른백년, 2024.

러미스, C. 더글러스, 이승렬, 하승우 옮김, 『래디컬 데모크라시』, 한티재, 2024.

레이브라우크, 다비트 판, 양영란 옮김, 『국민을 위한 선거는 없다』, 갈라파고스, 2016.

레비츠키, 스티븐&지블랫, 대니얼, 박세연 옮김, 『어떻게 민주주의는 무너지는가』, 어크로스, 2018.

레비츠키, 스티븐&지블랫, 대니얼, 박세연 옮김, 『어떻게 극단적 소수가 다수를 지배하는가』, 어크로스, 2024.

루소, 장자크, 김영욱 옮김, 『사회계약론』, 후마니타스, 2018.

마넹, 버나드, 곽준혁 옮김, 『선거는 민주적인가―현대 대의민주주의의 원칙에 대한 비판적 고찰』, 후마니타스, 2004.

맥마흔, 대린, 윤인숙 옮김, 『행복의 역사』, 살림출판사, 2008.

모로오카 야스코, 조승미, 이혜진 옮김, 『증오하는 입―혐오발언이란 무엇인가』, 오월의 봄, 2015.

미헬스, 로베르트, 김학이 옮김, 『정당론』, 한길사, 2015.

밀, 존 스튜어트, 서병훈 옮김, 『대의정부론』, 아카넷, 2012.

벌린, 이사야, 박동천 옮김, 『이사야 벌린의 자유론』, 아카넷, 2006.

베네디토, 토마스, 성연숙 옮김, 『더 많은 권력을 시민에게―시민주권 시대, 직접민주주의를 말하다』, 다른백년, 2019.

베네딕트, 루스, 김윤식, 오인석 옮김, 『국화와 칼』, 을유문화사, 2002.

베리, 존 B., 박홍규 옮김, 『사상의 자유의 역사』, 바오출판사, 2005.

샌델, 마이클, 함규진 옮김, 『공정하다는 착각—능력주의는 모두에게 같은 기회를 제공하는가』, 와이즈베리, 2020.

샌델, 마이클, 이경식 옮김, 『당신이 모르는 민주주의』, 미래엔, 2023.

소로, 헨리 데이비드, 조애리 옮김, 『시민불복종』, 민음사, 2020.

소로, 헨리 데이비드, 정회성 옮김, 『월든』, 민음사, 2021.

슘페터, 조지프, 변상진 옮김, 『자본주의, 사회주의, 민주주의』, 한길사, 2011.

스미스, 스티븐, 오숙은 옮김, 『정치철학』, 문학동네, 2018.

싱어, 피터, 노승영 옮김, 『헤겔』, 교유서가, 2019.

쉐보르스키, 아담, 임혁백, 윤성학 옮김, 『민주주의와 시장』, 한울아카데미, 1997.

쉐보르스키, 아담 외 지음, 김태임, 지은주 옮김, 『지속가능한 민주주의』, 한울아카데미, 2001.

쑨원, 김승일 외 옮김, 『삼민주의』, 범우사, 2021.

아도르노, 테오도어 W., 홍은영 옮김, 『성숙을 위한 교육』, 문음사, 2021.

아리스토텔레스, 천병희 옮김, 『정치학』, 숲, 2009.

아리스토파네스, 천병희 옮김, 『아리스토파네스 희극 전집 1』, 숲, 2010.

아리스토텔레스, 크세노폰 외, 최자영, 최혜영 옮김, 『고대 그리스 정치사 사료—아테네, 스파르타, 테바이 정치제도』, 신서원, 2003.

영, 마이클, 유강은 옮김, 『능력주의—2034년, 평등하고 공정하고 정의로운 엘리트 계급의 세습 이야기』, 이매진, 2020.

칸트, 이마누엘 외, 임홍배 옮김, 『계몽이란 무엇인가』, 도서출판 길, 2020.

켈리, 크리스토퍼, 이지은 옮김, 『로마제국』, 교유서가, 2015.

크릭, 버나드, 이관후 옮김, 『정치를 옹호함』, 후마니타스, 2021.

키케로, 김창성 옮김, 『국가론』, 한길사, 2007.

토크빌, 알렉시 드, 이용재 옮김, 『아메리카의 민주주의 1』, 아카넷, 2018.

투퀴디데스, 천병희 옮김, 『펠로폰네소스 전쟁사』, 숲, 2011.

포레스트, 윌리엄, 김봉철 옮김, 『그리스 민주정의 탄생과 발전』, 한울아카데미, 2001.

포퍼, 칼, 이한구 옮김, 『열린사회와 그 적들 I』, 민음사, 1997.

플라톤, 박종현 옮김, 『법률』, 서광사, 2009.

플라톤, 천병희 옮김, 『국가』, 숲, 2013.

플라톤, 강철웅 옮김, 『소크라테스의 변명』, 아카넷, 2020.
플라톤, 이기백 옮김, 『크리톤』, 아카넷, 2020.
플라톤, 강성훈 옮김, 『프로타고라스』, 아카넷, 2021.
플루타르코스, 박광순 옮김, 『플루타크 영웅전 상』, 하서출판사, 2006.
해밀턴, 알렉산더 외, 박찬표 옮김, 『페더럴리스트』, 후마니타스, 2019.
헤겔, 권기철 옮김, 『역사철학강의』, 동서문화사, 1978.
헤겔, 임석진 옮김, 『정신현상학 1』, 한길사, 2005.
헤로도토스, 천병희 옮김, 『역사』, 숲, 2009.
헨더슨, 그레고리, 박행웅, 이종삼 옮김, 『소용돌이의 한국정치』, 한울, 2000.

외국서

Patterson, Orlando, *Slavery and Social Death: A Comparative Study*, Harvard University Press, 1982.

논문

강희원, 「'픽션'으로서의 국민주권—헌법상의 '국민주권' 원리에 대한 단상」, 『법철학연구』 23-2, 한국법철학회, 2020.
국회 보건복지위원회, 「호스피스, 완화의료 및 임종과정에 있는 환자의 연명의료결정에 관한 법률 일부개정법률안 검토보고」, 제400회 국회 제9차 보건복지위원회, 2022.11.
권건보, 「헌법재판소 재판관 탄핵제도의 문제점」, 『헌법학연구』 15-3, 한국헌법학회, 2009.
구장률, 「근대계몽기 소설과 검열제도의 상관성」, 『현대문학의 연구』 26, 한국문학연구학회, 2005.
김경희, 「데모크라티아를 넘어 이소노미아로」, 『한국정치학회보』 40-5, 한국정치학회,

2006.

김명식, 「사법권독립과 민주주의의 조화―미국의 주법관선거제도에 대한 찬반논쟁을 중심으로」, 『미국헌법연구』 22-2, 미국헌법학회, 2011.

김병수, 「국민참여재판 시행 10년의 평가와 과제」, 『법학연구』 60-2, 부산대학교 법학연구소, 2019.

김성진, 「검사징계법의 제문제」, 『저스티스』 184, 한국법학원, 2021.

김유향, 「디지털 민주주의는 어디까지 왔는가」, 『KISO 저널』 39, 한국인터넷자율정책기구, 2020.

김율리, 「의사조력자살을 둘러싼 윤리적 쟁점―'조력존엄사' 개정안을 중심으로」, 『한국의료윤리학회지』 25-4, 한국의료윤리학회, 2022.

김재봉, 「기소절차에 대한 시민참여제도로서 기소심사회 도입방안―일본 검찰심사회와의 비교·검토를 중심으로」, 『법학논총』 29-4, 한양대학교 법학연구소, 2012.

김정길, 「국민의 형사재판 참여에 관한 법률에 대한 헌법적 쟁점」, 서울대학교 석사논문, 2013.

김주형, 「시민정치와 민주주의」, 『한국정치학회보』 50-5, 한국정치학회, 2016.

김택수, 「프랑스 참심재판의 개혁과 시사점」, 『법학논총』 31-2, 한양대학교 법학연구소, 2014.

김현철, 「이소노미아」, 『법철학연구』 21-1, 한국법철학회, 2018.

김형철, 「민주주의 지수의 유용성과 한계―아시아 민주주의 지표 개발의 필요성」, 『KDF 민주주의 리포트』 69, 민주화운동기념사업회 및 한국민주주의연구소, 2022.

박장희, 「모욕죄를 둘러싼 주요쟁점과 국내 판례에 대한 경험적 연구」, 서울대학교 박사논문, 2019.

박재욱, 「페리클레스 추도연설과 스파르타―체제와 삶의 방식을 둘러싼 경쟁」, 『서양사연구』 67, 한국서양사연구회, 2022.

박재형, 「대만의 국민법관법 주요 내용」, 『최신외국법제정보』 4, 한국법제연구원, 2020.

박종보, 「계엄제도에 관한 비교법적 고찰―미국을 중심으로」, 『법학논총』 23-2, 한양대학교 법학연구소, 2006.

박홍규, 「마루야마 마사오와 일본주의」, 『정치사상연구』 21-2, 한국정치사상학회, 2015.

백윤철, 「미국의 국가긴급권에 관한 연구」, 『세계헌법연구』 20-2, 세계헌법학회 한국학회, 2014.

사법정책연구원 편, 「외국사법제도연구(25) — 각국의 법관임용제도에 관한 실증적 연구」, 2019.

송경호, 김현, 「근대적 기본개념으로서 '민주주의'의 개념사 — 19-20세기 일본에서의 번역어 성립과 사용의 일반화 과정을 중심으로」, 『한국정치학회보』, 55-2, 한국정치학회, 2021.

송지우, 「대입 추첨제는 어떤 문제의 답이 될 수 있을까? — 능력주의 비판론과 평등주의 이론의 관점에서」, 『법철학연구』 25-1, 한국법철학회, 2022.

신철희, 「'민(demos)' 개념의 이중성과 민주주의(demokratia)의 기원」, 『한국정치연구』 22-2, 서울대학교한국정치연구소, 2013.

심영섭, 「독일 방송평의회 제도를 통해 본 한국 공영방송 지배구조의 재구조화」, 『문화와 정치』 5-3, 한양대학교 평화연구소, 2018.

안성호, 「스위스 코뮌 자치의 현실과 교훈」, 『지방행정』 60, 대한지방행정공제회, 2011.

양시훈, 최유경, 「각국 법관 징계제도에 관한 연구」, 사법정책연구원 연구보고서, 2015.

양태종, 「다시 생각하는 수사학의 탄생배경」, 『수사학』 11, 한국수사학회, 2009.

우지이에 히토시, 「일본 재판원법 시행 후의 개정에 관한 검토」, 『형사법의 신동향』, 64, 대검찰청, 2019.

윤대원, 「한말 '입헌정체' 논의와 '민주공화'의 의미」, 『한국문화』 88, 서울대학교 규장각 한국학연구원, 2019.

윤성일, 박형근, 조병우, 「예산과정에의 주민참여 권한 확장에 관한 연구 — 주민참여예산제도의 제도화를 중심으로」, 『한국사회와 행정연구』 33-1, 서울행정학회, 2022.

윤왕희, 「공천제도 개혁과 한국 정당정치의 변화에 관한 연구 — 국민참여경선은 왜 참여를 이끌어내지 못했나」, 서울대학교 박사논문, 2022.

윤진 옮김, 「폴리비오스, 역사 제6권」, 『서양고대사연구』 55, 한국서양고대역사문화학회, 2019.

이계수, 「어느 법 연구자의 도시 관찰 — 베를린에서 바라본 도시의 법과 정치」, 『일감법학』 44, 건국대학교 법학연구소, 2019.

이문호, 「적극적 안락사 및 의사조력자살 허용 입법의 필요성 — 실존적 사실 및 통계적 근거를 중심으로」, 『인권과 정의』 482, 대한변호사협회, 2019.

이상환, 「자유민주주의의 위기와 민주주의의 두 가지 대안—숙의민주주의와 급진민주주의 연구」, 『대동철학』 101, 대동철학회, 2022.

이성기, 「검찰개혁에 관한 연구—검찰지배에서 시민 통제 형사사법 제도로」, 『한국경찰연구』, 18-4, 한국경찰연구학회, 2019.

이성기, 「죽음에 있어서 의사의 조력 행위와 자살방조죄의 정당성 논의—고령자의 존엄하게 죽을 권리의 관점에서」, 『법조』 72-6, 법조협회, 2023.

이승선, 「헌법 제21조 제4항은 살았는가, 죽었는가?」, 『세계헌법연구』 28-1, 세계헌법학회 한국학회, 2022.

이영훈, 양동휴, 「조선 노비제와 미국 흑인노예제—비교사적 고찰」, 『경제논집』 37-2, 서울대학교 경제연구소, 1998.

이윤제, 「검찰개혁과 검사장 직선제」, 『형사법연구』 29-2, 한국형사법학회, 2017.

이지나, 「성폭력범죄에 대한 국민참여재판과 피해자 보호제도에 관한 비교법적 고찰—영국 배심제를 중심으로」, 『법학논집』 26-2, 이화여자대학교 법학연구소, 2021.

이지문, 「광장정치와 제도정치의 보합으로서 추첨시민의회 모색」, 『NGO연구』 12-1, 한국NGO학회, 2017.

정병기, 「현대 포퓰리즘과 민주주의—서유럽의 신포퓰리즘과 포스트포퓰리즘을 중심으로」, 『한국정치연구』 32-1, 서울대학교 한국정치연구소, 2023.

정영주, 홍종윤, 「공영방송 제도의 위기와 재정립—신제도주의 관점에서 바라본 공영방송으로서의 MBC」, 『언론정보연구』 55-1, 서울대학교 언론정보연구소, 2018.

정주환, 「그리스 민주정치와 선거제도—아테네 민주주의의 형성과 추첨제를 중심으로」, 『법학논총』 40-1, 단국대학교 법학연구소, 2016.

정진수, 「일본의 재판원 제도—그 성립경위와 주요내용」, 『형사정책연구』 71, 한국형사·법무정책연구원, 2007.

정태호, 「고소고발 남발하는 사회, 형벌권 오남용하는 국가」, 『민주』 10, 민주화운동기념사업회, 2014.

정혜인, 「일본 최고재판관 국민심사제와 그 시사점」, 『서울대학교 법학』 54-3, 서울대학교 법학연구소, 2013.

조광훈, 「수사개시권 남용의 원인과 그 개선방안」, 『법학연구』 14-2, 인하대학교 법학연구소, 2011.

조남진, 「초기 기독교의 노예관—A.D1~4세기를 중심으로」, 『호서사학』 제8·9합집, 호서사학회, 1980.

진민정, 「프랑스의 언론소유권 재편을 위한 '정보의 민주화법' 제안… 향후 변화는?」, 『언론중재』 162, 언론중재위원회, 2022.

진희권, 「유교사상과 조선조 형사절차—『대명률직해』와 『경국대전』 「형전」을 중심으로」, 『동양사회사상』 5, 동양사회사상학회, 2002.

최자영, 「고대 아테네 사회신분의 불명확성 및 중첩성」, 『서양고대사연구』 10, 한국서양고대역사문화학회, 2003.

최형익, 「한국에서 근대 민주주의의 기원—구한말 「독립신문」, '독립협회' '만민공동회' 활동」, 『정신문화연구』 96, 한국학중앙연구원, 2004.

최호동, 「1987년 헌법규정의 형성과정 연구」, 서울대학교 박사논문, 2020.

표성수, 「재판 전 형사절차에 있어서 국민 참여제도에 관한 연구—미국의 대배심제도와 일본의 검찰심사회제도를 중심으로」, 『저스티스』 113, 한국법학원, 2009.

하태영, 「독일 형사소송에서 참심원」, 『비교형사법연구』 16-1, 한국비교형사법학회, 2014.

한상희, 「시민주도형 헌법개정절차—헌법개정 절차의 민주적 구성을 위한 사례 분석」, 『입법학연구』 19-1, 한국입법학회, 2022.

한인섭, 「대한민국은 민주공화제로 함—대한민국 임시헌장(1919.4.11) 제정의 역사적 의의」, 『서울대학교 법학』 50-3, 서울대학교 법과대학, 2009.

한정선, 「타이쇼민본주의 재평가—요시노 사쿠조와 신자유주의를 중심으로」, 『동양사학연구』 87, 동양사학회, 2004.

홍진영, 「배심원의 법적 판단에 관한 연구」, 서울대학교 박사논문, 2023.

홍철기, 「'대표의 허구'에 관한 연구—토마스 홉스, 칼 슈미트, 한스 켈젠에게 있어서의 대리와 현시의 대표 이론」, 서울대학교 박사논문, 2016.

홍철기, 「포퓰리즘-반포퓰리즘 논쟁에 던지는 두 가지 질문—포퓰리즘은 정말로 반-헌정주의적이고 반-자유민주주의적인가」, 『시민과세계』 34, 참여연대 참여사회연구소, 2019.

찾아보기

ㄱ

고대 그리스 26, 29~30, 49, 54,
  101, 109, 120, 132, 147~148, 224,
  245~246, 248
공화정 28, 29, 40~41, 112~114,
  119~121, 123~125, 134, 136, 196,
  231, 238, 246
과두정 28, 30, 65, 112~113, 123, 132,
  149, 209, 231~232
국민표결 21~22
기독교 24
김누리 23, 241
김대중 33, 160~161, 223
김영란 67~68
김영민 166
김주형 147

ㄴ

나카에 초민 191
누스바움, 마사 235
능력주의 139, 141, 146, 148

ㄷ

달, 로버트 60, 113, 124, 136, 138
대천덕 24
동학 11, 15, 153, 172~180, 182~183,
  185, 197, 204

ㄹ

레비츠키, 스티븐 48, 233
루소, 장자크 30, 49, 54~55, 127,
  156~157, 191, 210
롤스, 존 49

ㅁ

몽테스키외 126
미헬스, 로베르트 14, 113, 232
민주공화국 40, 42, 45, 58, 83, 119, 234
밀, 존 스튜어트 126
민주주의
  대의민주주의 102, 124, 203, 210,
    213, 219,
  숙의민주주의 128
  시민민주주의 33, 147
  직접민주주의 28, 102, 113, 126, 179,
    210, 213, 227
  참여민주주의 11, 128, 183, 204
  최소주의 민주주의 37, 41, 102
민주화 93, 180, 184, 190, 197, 200,
  205, 212, 215,

ㅂ

버클리, 윌리엄 136
벌린, 이사야 49
베네치아 122~123, 209, 215, 247
베를린 15, 19~23, 25~26, 30, 242
배심원제 44, 46, 62~63, 65~66, 69,
  72~73, 81, 235
법률가 수호자주의 46, 52, 138

ㅅ

사법시민주권 44, 52, 63, 70, 72, 77, 82,
  85, 206
삼권분립 10~11, 13
성경 24, 209
소로, 헨리 데이비드 142, 239~241
소크라테스 64, 106~107, 109~111,
  117, 133~134, 212
쉐보르스키, 아담 37, 102
시민법관 62, 69~70, 75, 82
시민언론 91, 93~95
시민의회 207, 212, 218
시민참여 67, 147~148
스위스 49, 60, 226~228
스파르타 28, 44, 54, 105, 110, 115, 120

ㅇ

아나카르시스 148, 160
아도르노, 테오도어 240
아리스토텔레스 108, 110, 112~113,
  119, 132, 134, 207, 224, 234
아테네 25~30, 38~39, 44, 53~54,
  64, 100~109, 111, 113, 115, 117,
  119~124, 134, 154, 209, 212~213,
  218, 220, 231, 243~245
언론시민주권 44
엘리트 31, 52, 100, 134~139,
  144~149, 162, 184, 191, 210, 212

연방제 34, 196, 207, 223, 225~230,
이세고리아 39, 42, 106
이소노미아 39, 42, 106

ㅈ
전관예우 67~69
전문가주의 94, 139, 141, 143~144, 146
제헌헌법 13, 40, 46, 51, 211
주거권 22~23, 31, 242
주인과 노예의 변증법 30, 156

ㅊ
촛불집회 11, 197, 204
최자영 102, 147
추첨제 34, 54, 108, 123, 126, 207, 209~217, 220
친위쿠데타 9~10

ㅍ
판단권력 72, 77, 84, 147
팬덤 145~146
페리클레스 105, 133, 243
포퓰리즘 145
폴리비오스 121
프로타고라스 134~136

ㅎ
헌법재판소 23, 31, 52, 57~61, 67~68, 221
헨더슨, 그레고리 161
황제노역 판결 68
황제쿠데타 10, 12, 33

ㅋ
클라인가르텐 19~21, 23, 25, 242
클레로테리온 26

ㅌ
토크빌, 알렉시 드 30, 43, 65, 135~136, 224, 236

시민 없는 민주주의

초판 인쇄 2025년 4월 21일
초판 발행 2025년 4월 30일

지은이 정병설
책임편집 임혜지 | **편집** 고아라 이희연
디자인 김유진 이원경 | **저작권** 박지영 형소진 오서영
마케팅 정민호 서지화 한민아 이민경 왕지경 정유진 정경주 김수인 김혜원 김예진 나현후 이서진
브랜딩 함유지 박민재 이송이 김희숙 박다솔 조다현 김하연 이준희
제작 강신은 김동욱 이순호 | **제작처** 한영문화사

펴낸곳 (주)문학동네 | **펴낸이** 김소영
출판등록 1993년 10월 22일 제2003-000045호
주소 10881 경기도 파주시 회동길 210
전자우편 editor@munhak.com | **대표전화** 031)955-8888 | **팩스** 031)955-8855
문학동네카페 http://cafe.naver.com/mhdn
인스타그램 @munhakdongne | **트위터** @munhakdongne
북클럽문학동네 http://bookclubmunhak.com

ISBN 979-11-416-1012-8 03300

* 이 책의 판권은 지은이와 문학동네에 있습니다.
* 이 책 내용의 전부 또는 일부를 재사용하려면 반드시 양측의 서면 동의를 받아야 합니다.
* 잘못된 책은 구입하신 서점에서 교환해드립니다. 기타 교환 문의: 031) 955-2661, 3580

www.munhak.com